Jón Gnarr wurde 1967 in Reykjavík (Island) als Sohn eines Polizeibeamten geboren. Nach diversen Gelegenheitsjobs arbeitete er als Taxifahrer und später als Comedian. Bei der Kommunalwahl 2010 erzielte seine *Beste Partei* einen überwältigenden Erfolg, und Gnarr wurde regierender Bürgermeister der isländischen Hauptstadt.

Betty Wahl wurde 1965 geboren. Nach ihrer Schulzeit verlagerte sie ihren Lebensmittelpunkt allmählich in Richtung Island. Seit 2001 ist sie als Literaturübersetzerin und als Dozentin für Alt- und Neuisländisch tätig und pendelt zwischen Reykjavík und Frankfurt am Main.

TROPEN SACHBUCH

JÓN GNARR

HÖREN SIE GUT ZU UND WIEDERHOLEN SIE!!!

WIE ICH EINMAL BÜRGERMEISTER WURDE UND DIE WELT VERÄNDERTE

MITARBEIT: JÓHANN ÆVAR GRÍMSSON

AUS DEM ISLÄNDISCHEN VON
BETTY WAHL

MIX
Papier aus verantwortungsvollen Quellen
FSC® C083411
www.fsc.org

Tropen
www.tropen.de
Originalausgabe

Printed in Germany
Umschlag: Herburg Weiland, München
unter Verwendung eines Fotos von Teitur Jónasson
Foto von Jón Gnarr (S. 1) © Hördur Sveinsson
Alle Abbildungen im Innenteil stammen vom Autor.
Gesetzt in den Tropen Studios, Leipzig
Gedruckt und gebunden von CPI – Clausen & Bosse, Leck
ISBN 978-3-608-50386-9

Achte Auflage, 2018

Bibliografische Information der Deutschen Nationalbibliothek:
Die Deutsche Nationalbibliothek verzeichnet diese Publikation in
in der Deutschen Nationalbibliografie; detaillierte bibliografische
Daten sind im Internet über <http://dnb.d-nb.de> abrufbar.

Jón Gnarr hat dem Bürgermeisteramt echte Menschlichkeit verliehen mit seiner wunderbar radikalen Komik und alle Stagnation durch explosiven Humor aufgelöst. Seine *Beste Partei* ist den Finanzjongleuren mit umsichtiger Haushaltsführung zu Leibe gerückt und hat die Politik von korrupten Machtspielchen befreit. Alles in allem: Die *Beste Partei* hat Island verändert!

Björk

DIE ZUKUNFT

Es gibt immer wieder Leute, die die Zukunft voraussehen können. Nostradamus zum Beispiel konnte das. Und ich. Wir sind wahrscheinlich die einzigen Männer der Geschichte, die das von sich behaupten können, oder zumindest die einzigen beiden, die sich darüber geäußert haben. Vor Kurzem war ich im Ausland unterwegs und fühlte mich plötzlich bemüßigt, ein Schwimmbad zu besuchen. Ich fuhr also in eine Art Wellness-Resort, in dem ich eigentlich eines erwartet hätte, aber Fehlanzeige. Stattdessen gab es nur ein paar Hotpots, und die waren noch nicht einmal sonderlich heiß. Immerhin blubberte darin so eine Sprudelanlage, also gab ich der Sache eine Chance. Außer mir war nur noch ein anderer Badegast anwesend, ein alter Mann. Ich nickte ihm kurz zu, während ich ins Wasser stieg, dann schloss ich die Augen und ließ das Luftblasengeblubber allen Stress aus meinem Körper spülen. Auf einmal sprach mich der Alte an: »What do you think the future of Iceland will be like?« Ich war sprachlos. »I *am* from Iceland«, sagte ich schließlich. Er schwieg und ließ die Augenlider wieder sinken. Wusste er, dass ich Isländer bin? Und wenn ja, wie konnte er das wissen? Erst als wir uns auf dem Parkplatz voneinander verabschiedeten, entdeckte ich, dass er ein Sonderheft der *Frankfurter Rundschau* – das, in dem das

Interview mit mir abgedruckt war – in seiner Sporttasche hatte. Der Mann war Knut Finkelstein, ein Zukunftsforscher aus Frankfurt am Main, der von diesem Interview fasziniert war und sich, wie derzeit offenbar viele Frankfurter Zeitungsleser, große Sorgen um die Zukunft unseres Landes machte. Aber natürlich unterhalte ich mich auf meinen Auslandsreisen auch oft mit Kindern und Jugendlichen. Auch die scheinen sich alle brennend für Island zu interessieren, auch die haben alle das Interview in der *Rundschau* gelesen und wollen alles Mögliche über die *Beste Partei* wissen. Ich bin immer ganz gerührt, wenn ich von diesen jungen Leuten umringt bin, die sich von allem, was um sie herum passiert, noch so vom Hocker reißen lassen. Neulich besuchte ich ein kleines Dorf draußen auf dem Land. Dort traf ich einen Touristen, der mir stolz berichtete, wie er einmal auf einer Urlaubsreise durch die Vereinigten Staaten isländisches Lammfleisch gegessen hätte. Was mich natürlich freute zu hören. Zufällig hatte ich eine große Flasche Cocktailsoße im Gepäck, die ich ihm zum Abschied in die Hand drückte. »Next time you have Icelandic lamb, dip it in this!«

Irgendwann wird es nur noch Elektroautos geben. Und Batterien, die um ein Vielfaches länger halten als heute. Und von selbst leuchtende Christbaumkugeln. Die Verantwortlichen denken nie weit genug voraus. Das ist nicht gut. Wir lassen uns willenlos treiben, driften vor uns hin wie jemand, der an einem Wetterballon hängt, den er nicht mehr steuern kann. Die Leute gucken ihm mitleidig hinterher und schütteln verständnislos den Kopf. Genau wie die, die hier im Land das Sagen haben. Die Autoritäten haben versäumt, in puncto Zukunftsplanung einen klaren Kurs einzuschlagen, mit dem alle leben können. Im Grunde scheren sie sich keinen Deut um die Zukunft, weil sie sie nämlich für vollkommen irrelevant halten. Bisher hat noch kein einziger Parlamentarier den Mut gehabt, offen und ehrlich wichtige Zukunftsfragen anzusprechen. Keine andere Partei betrachtet diesen programmatischen Blick in die Zukunft als einen ihrer Werte. Wir schon! Wir könnten durchaus einer rosigen Zukunft entgegensehen – vorausgesetzt, dass die Leute uns wählen. Wenn nicht, befürchte ich, wird es zappenduster. Die Stimmung wird bald ganz im Keller sein. Alles wird privatisiert, und gleichzeitig hat der Staat überall den Daumen drauf. Bier wird wieder illegal, genau wie schwul sein oder Auto fahren. Die EU wird uns mit Haut und Haar verschlingen und uns zwingen, allem zu entsagen, was uns lieb und teuer ist – wie etwa vergorene Hammelhoden und geräuchertes Lammfleisch. Wenn wir uns widersetzen, stört das keinen. Aber Brüssel wird Soldaten nach Island schicken, die jeden, der gegen die EU-Vorschriften verstößt, auf der Stelle erschießen. Man wird die Leute aus ihren Häusern zerren und mitten auf der Straße abknallen – bloß, weil sie vielleicht ihr Essen zu stark gesalzen oder sich eine Prise Schnupftabak genehmigt haben. Der Neoliberalismus wird mit Pomp und Pracht seinen Einzug halten, und über kurz oder lang steht alles zum Verkauf: eine Gesellschaft, irgendwo zwischen Wirtschaftsliberalismus und staatlicher Gängelung. Schließlich werden die Leute sogar ihre eigenen Organe zu Geld machen, um sich ein Minimum an Luxus leisten zu können. Was hat man davon, wenn man erst eine Niere verkaufen muss, um seinen Geburtstag feiern zu können? Nichts. Und alle tragen die gleichen Klamotten. Neulich träumte ich von der Zukunft. Ich saß mit irgendwelchen

hohen Politikern in einer Versammlung. Die wichtigsten isländischen Minister waren da, aber auch Hitler, Mahatma Gandhi und Chuck Norris, und es hieß, diese Leute sollten ab jetzt unser Land regieren. Was dann geschah, weiß ich nicht mehr, nur, dass ich auf einmal übernatürliche Kräfte besaß, so wie in *Matrix*, und durch Wände gehen konnte. In einem anderen Traum sah ich zu, wie in der Innenstadt, mitten auf dem Austurvöllur, Kinder geopfert wurden, um die Kapitaleigner milde zu stimmen. Und alle alteingesessenen Politiker kamen, um sich am Blut der Kinder schadlos zu halten. Die Premierministerin schlürfte so gierig, dass ihr das Blut aus den Mundwinkeln rann und in ihrer Bluse versickerte, der Finanzminister nagte an einem Menschenknochen, und Idi Amin leistete den beiden Gesellschaft. Und die Umstehenden weinten.
Das ist ein düsteres Zukunftsszenario. Wollen wir eine solche Zukunft für unsere Kinder? Wollen wir, dass sie mit Haut und Haaren aufgefressen werden? Die *Beste Partei* will das jedenfalls nicht. Wir haben eine Verabredung mit der Zukunft, gehen ihr entgegen wie einem neuen Freund, erst zögernd und schüchtern, dann zunehmend aufgeschlossen und erwartungsvoll. In der Gesellschaft der Zukunft, so wie wir sie sehen, sind alle froh und zufrieden, benutzen die kostenlosen Busse und Schwimmbäder und unterhalten sich dabei darüber, warum die *Beste Partei* so gut ist. Krankheiten, Kummer und Schmerz gehören der Vergangenheit an. Man stirbt auch nicht mehr, sondern lebt immer weiter, und wenn man Geld braucht, geht man einfach in die nächste Bank und lässt sich welches drucken – unentgeltlich natürlich. Wobei Geld sowieso nur noch zur Dekoration oder als Spielzeug dient. Denn wenn wir unser Konzept tatsächlich irgendwann umsetzen können,

dann gibt es sowieso alles umsonst. Dürfen wir dich zu einem Date mit dieser rosigen Zukunft einladen? Dann mach dein Kreuz bei der *Besten Partei*.

Jón Gnarr am 12. Januar 2010 auf der Homepage
der *Besten Partei* (bestiflokkurinn.is)

WORAN ICH GLAUBE, IN DER POLITIK

Theorien sind eine clevere Sache. In der Politik gibt es eine Menge Theorien, die durchaus Sinn machen: der Sozialismus beispielsweise, inklusive Klassenlosigkeit, Gleichberechtigung und Brüderlichkeit. Oder der Liberalismus, der jedem Einzelnen den Spielraum geben will, den er braucht, um sich frei zu entfalten. Auch in Bildung und Kultur gibt es kluge Anschauungen. Und in den Religionen. Aber leider gibt es etwas, wogegen keine dieser hervorragenden Theorien gefeit ist: die menschlichen Schwächen. Unreife gehört dazu. Egoismus. Habgier. Ganz gleich, welcher Ideologie du anhängst, früher oder später kommen dir Habgier und Egoismus in die Quere, und zwar bevorzugt da, wo es um menschliche Begegnungen geht. Ob in Partnerschaft und Familie, in der Schule oder am Arbeitsplatz. Überall dort, wo Menschen versuchen, gemeinsam etwas auf die Beine zu stellen, kann schon ein Einzelner alles zum Einsturz bringen. Wir kennen das aus Mehrfamilienhäusern. Sobald nur einer aus der Reihe tanzt, läuft die Sache aus dem Ruder. In solchen Häusern gibt es meist irgendein Regelwerk, das die gemeinsame Nutzung von Wasch- und Trockenräumen koordiniert. Solange alle die Spielregeln befolgen, funktioniert das wunderbar. Aber leider gibt es immer jemanden, der offenbar nicht dazu in der Lage ist. Wer kennt sie nicht, die Nachbarn, die ihre Wäsche tagelang in der Waschküche hängen lassen? So was bringt das ganze System ins Wanken. Wenn sich dagegen alle ein bisschen bemühen, brauchen wir keine Regeln.

Ich habe die Menschen schon immer in zwei Kategorien eingeteilt: in die Gebenden, Großzügigen, die Verantwortung übernehmen und weder weltlichen noch geistigen Müll hinterlassen. Und dann die anderen, die nie etwas hergeben, weil sie es aus irgendeinem Grund nicht können oder wollen, vielleicht weil sie finden, dass die anderen ihnen etwas schuldig sind. Sie sind immer schnell dabei, fremde Hilfe anzunehmen, kommen aber nie auf die Idee, anderen Hilfe anzubieten. Geistige Blutsauger nennt man so was.

Nachdem ich dieses Problem schon mein ganzes Leben mit mir herumschleppe, bin ich inzwischen ziemlich routiniert darin, die Menschen in »gebend« und »nehmend« einzuteilen. Mir geht es gut, wenn ich mit Menschen zu tun habe, die mir etwas mitgeben, nicht zuletzt Lebensfreude. Besonders dankbar bin ich für Leute, die mich überraschen. Die etwas Schönes, Lustiges oder Verblüffendes aus dem Hut zaubern, ohne eine bestimmte Gegenleistung zu erwarten. Die einfach etwas verschenken – worauf ich versuche, dasselbe zu tun.

Ich bin Anarchist – aber glaube ich deswegen ernsthaft, dass sich der Traum von der idealen Gesellschaft, in der jeder auf jeden Rücksicht nimmt und jeder die Rechte des anderen respektiert, real verwirklichen lässt? Eine Gesellschaft, in der man keine Regeln braucht, weil alle so gut und reif und intelligent sind? Nein, daran glaube ich nicht. Deshalb habe ich es mir in puncto Demokratie und Politik bisher auch eher in der passiven Haltung bequem gemacht. Die *Beste Partei* ist ein erster Versuch einer *positiven Einmischung*. Wie oft ist eine neue politische Bewegung, die auf einer wirklich guten Grundidee basierte, schon kurz nach ihrer Gründung wieder von der Bildfläche verschwunden, weil sich die falschen Leute zusammengefunden hatten.

Als ich die *Beste Partei* gründete, machte ich es mir deshalb zum Prinzip, möglichst viele Leute aufzutreiben, die ich kenne und für großzügige, intelligente und aufrichtige Menschen halte. Die meisten dieser Leute sind, so wie viele andere von dieser Sorte, auf dem passiven Weg gelandet. Mit der *Besten Partei* wollte ich genau diese Leute ansprechen und sie zum Mitmachen, zu einer positiven Einmischung bewegen. Obwohl der kluge Satz, der Anarchist sei einer, der vom gemütlichen Wohnzimmer aus die Gesellschaft kritisiert, leider auch auf mich selbst zutrifft. Meine Gesellschaftskritik spielt sich auf Facebook ab. Ich liebe Wortspiele. Ich wollte mich schon lange positiv in die gesellschaftliche Diskussion einklinken, habe aber nie den richtigen Ansatz gefunden. Und die richtige Partei. Egoismus, Aggression und Unmäßigkeit haben mich abgeschreckt. Immer und immer wieder.

Leo Tolstoi hat einmal gesagt: »Alle wollen die Welt verändern, aber niemand sich selbst.« Doch, ich finde, ich habe mich selbst verändert. Ich habe meine Hausaufgaben gemacht. Und als Nächstes will ich versuchen – wohl gemerkt, nur ein Versuch! –, die Welt zu verändern. Auf dem positiven Weg. Dazu gehört vor allem eines: mit gutem Beispiel voranzugehen. Die *Beste Partei* will so ein gutes Beispiel sein. Wir bemühen uns um Aufrichtigkeit. Wir sind gegen Gewalt. Und wo die anderen Probleme sehen, bieten wir Lösungen an. All das ist ungemein ermüdend.

Ich werde oft gefragt, worauf ich, die Parteiarbeit betreffend, besonders stolz sei. Natürlich haben wir eine ganze Menge erreicht. Wir haben seit meiner Wahl zum Bürgermeister von Reykjavík Fahrradwege angelegt, Fördermittel für soziale Projekte organisiert, Stadtviertel neu gestaltet und Kunstwerke dem öffentlichen Raum zugeführt. Aber wirklich stolz bin ich, wenn ich ehrlich sein soll, nur darauf, dass wir noch existieren. Wir sind noch da, und zwar nach wie vor in Originalbesetzung unserer Stunde Null. Ich kann mir gut vorstellen, oder hoffe es zumindest, dass unsere Aktionen und Methoden Schule machen. Sicher ist aber schon jetzt, dass wir junge Leute darin bestärkt haben, den Mund aufzumachen und sich überall da einzumischen, wo ihnen etwas ungerecht, falsch oder sinnlos vorkommt.

ISLAND

Auf alten Landkarten erscheint Island als unbewohnbares Gebiet »jenseits der bewohnbaren Welt«. Seeleute warnte man davor, auf diese Teufelsinsel Kurs zu nehmen, denn der Seeweg nach Island wimmelte auf alten Landkarten von Meeresungeheuern. Als die alten Griechen hier einmal vorbeikamen, wurde ihnen bald klar, dass an diesem Ort weder sie noch andere irgendetwas verloren hatten.

Seit jeher haben die Menschen versucht, sich auf den Namen »Island« einen Reim zu machen. Manche zum Beispiel vertreten die Theorie, die Namen »Grönland«, also Grün-Land, und »Island« seien in grauer Vorzeit irgendwann mal durcheinandergeraten. Island ist eine ziemlich grüne Insel. In keinem anderen Land der Welt wachsen so viele Moos- und Flechtenarten wie hier – in Grönland ist dagegen weit und breit kein Grashalm zu sehen. Interessant ist aber, dass die Vorsilbe *Is-* in den romanischen Sprachen nichts mit »Eis-« zu tun hat, sondern mit »Insel« – weil sie sich vom romanischen Wort *insula* oder *isola* ableitet. Meiner eigenen Theorie zufolge könnte es deswegen sehr gut so gewesen sein: Als die ersten Wikinger zu ihren Raubzügen in die Nordmeere aufbrachen, muss ihnen eine Landkarte christlicher Mönche untergekommen sein, auf der Island zwar eingezeichnet war, aber einfach *Insula*, also

»Insel« genannt wurde. Die alten Nordleute aber, die mit Fremdsprachen nicht allzu viel am Hut hatten, konnten mit diesem Wort nichts anfangen, und so machten sie sich ihren eigenen Reim darauf; sie vertauschten die Buchstaben, hängten noch ein »-nd« daran – und siehe da: *It made sense.* Ich finde diese Erklärung nicht mal so abwegig – und davon abgesehen hätten wir hier den frühesten Beleg für eine unserer bereits sprichwörtlich gewordenen kreativen Notlösungen: *Þetta reddast.* Das passt schon irgendwie.

Alle Isländer gehen Schwimmen. Es gehört zu den unbestrittenen Vorzügen dieses Landes, dass man so gut wie überall ein vorbildlich ausgestattetes Schwimmbad in nächster Nähe hat. Isländische Schwimmbäder sind mehr als nur Schwimmbäder. Sie sind komplette Wellness-Anlagen mit Sauna, Hotpots, Massage und Solarium. Die Schwimmbäder werden von den Gemeinden unterhalten und zählen zur Grundversorgung. Die Kommunen sind sogar verpflichtet, ihren Bürgern den preiswerten Zugang zu ermöglichen. Sollte sich hierzulande der real existierende Sozialismus irgendwo eine Nische geschaffen haben – dann in den Schwimmbädern.

Dort geht es zu wie im Telefonbuch: Hier sind alle gleich. Im Hotpot, seit jeher eine Art offener Stammtisch, sitzen Bankdirektor und Hafenarbeiter zusammen im heißen Wasser und diskutieren über Politik und Zeitgeschehen. Extra-Schwimmbäder für die oberen Zehntausend gibt es nicht. Die Reichen planschen im selben Becken wie das gemeine Volk. Vielleicht hören Menschen, die splitternackt nebeneinander unter der Dusche stehen, auf, in Schubladen zu denken. Der Nackte gehört keiner Klasse an. Er ist einfach nur Mensch.

Um Island zu verstehen, muss man ins Schwimmbad gehen. Es sind die Schwimmbäder, die uns zu einer Nation zusammenschweißen. Mehr als alles andere. Draußen siehst du den Leuten an, aus welcher Gesellschaftsschicht sie stammen, kannst an ihrer Kleidung und ihrem Auftreten in etwa ablesen, wie viel sie verdienen. In einem isländischen Hotpot kannst du das vergessen. Der untersetzte Glatzkopf neben dir ist vielleicht ein steinreicher Schiffsreeder mit vier Geliebten gleichzeitig, und der feinsinnige junge Mann gegenüber, bei dem du spontan auf Philosoph oder Dichter getippt hättest, könnte genauso gut Schuhmacher sein. Alle ziehen sich nackt aus, um sich vor aller Augen unter der Dusche einzuseifen. Das macht einen bescheidener.

Unsere Verbundenheit mit den Norwegern, Dänen und Schweden hält sich in Grenzen. Wir fühlen uns den Festlandskandinaviern nicht besonders nah, obwohl die ersten Siedler Islands aus genau diesen Ländern kamen. Stattdessen fühlen wir uns auf rätselhafte Weise zu den Finnen hingezogen. Isländer betonen oft und gern, wie »isländisch« die Finnen doch seien, worauf die Finnen das Kompliment bereitwillig erwidern: Sie finden uns wiederum ziemlich »finnisch« – etwa genauso relaxt, unbeholfen und depressiv. Dieses geheime Band zwischen Finnen und Isländern muss etwas mit der finnischen Saunakultur zu tun haben. Die Finnen sind nämlich, genau wie wir, ein nacktes Volk. Auch in Finnland ist es die natürlichste Sache der Welt, vor wildfremden Leuten splitternackt herumzulaufen, ohne sich für seinen Körper – oder für den der anderen – zu schämen.

In den isländischen Schwimmbädern kann man regelmäßig ausländische Besucher beobachten, denen diese unbekümmerte Nacktheit fremd ist. Die Touristen hüllen sich blickdicht in ihr Badetuch, bevor sie sich darunter verschämt ihrer Unterwäsche entledigen und in die Badehose steigen. Diese Verklemmtheit amüsiert uns Isländer immer wieder – während wir, das Handtuch lässig über die Schulter geworfen, unsere frisch geduschten Brüste oder Schwänze fröhlich durch die Gegend baumeln lassen.

Soweit ich mich zurückerinnern kann, war in Island alles ziemlich überschaubar. Hier passiert genau genommen gar nichts. Wenn jemand vom Fahrrad stürzt, ist das mindestens eine Schlagzeile in der Tageszeitung wert. Wenn Prominente aus dem Ausland hier unterwegs sind, betonen sie oft, wie angenehm und entspannt es bei uns sei – im Gegensatz zu dem grotesken Medienrummel, der überall sonst um sie veranstaltet wird. Hier gibt es keine Regenbogenpresse und keine Paparazzi.

Die berühmteste Isländerin aller Zeiten ist Björk. Trotz allem ist sie immer sie selbst geblieben. Im Ausland muss sie ständig vor Fans und Journalisten flüchten, die sie bis in den letzten Winkel verfolgen, während man ihr zu Hause im Schwimmbad, im Bus oder beim Einkaufen begegnen kann. Im Allgemeinen lässt man sie in Ruhe. Trotzdem ist sie bei fast allen beliebt, und wir sind ungemein stolz auf sie und auf das, was sie macht.

Ich wurde hierzulande mit vierzehn berühmt – ein Vierzehnjähriger mit einem Irokesenschnitt und einem Ring durch die Nase. Als ich dreißig war und als Komiker und Schauspieler mein Geld verdiente, kannte mich in Island fast jedes Kind. Deswegen galt es geradezu als Sensation, wenn irgendwo ein alter Herr mal *nicht* wusste, wer ich war. Einmal erzählte mir jemand von einem solchen alten Knacker, der allen Ernstes nie von mir gehört habe – was bei den Anwesenden ungläubiges Gelächter hervorrief. Berühmtsein ist in Island anders als anderswo. In Island ist alles stinknormal. Auch Berühmtheit. Die Leute wissen, dass du vor dem Schwimmen genauso nackt unter der Dusche stehst wie sie selbst.

Wenn ich gerade in einer Fernsehserie spielte, hingen in der Stadt riesige Werbeplakate mit einem Bild von mir an den Hauswänden. Und wenn ich in einen Bus stieg, war es nicht unwahrscheinlich, dass dieser ebenfalls für mich Reklame fuhr – und den meisten fiel das nicht mal auf.

Der einzige praktische Nutzwert des Berühmtseins ist, dass es dir am Wochenende vor den Klubs unter Umständen das Schlangestehen erspart. Vermutlich musst du dich aber auch hier wie alle anderen brav einreihen. Sogar Björk stellt sich hinten an und wartet, bis sie dran ist, und alle finden das normal. Wenn doch mal irgendein Türsteher meint, ihr eine Vorzugsbehandlung anbieten zu müssen, finden das die Umstehenden deplatziert und peinlich. Und Björk selbst am allermeisten.

Der isländische Seelenzustand wird von den Jahreszeiten beherrscht. Der Sommer ist die beste Zeit. Am »Ersten Sommertag«, nach dem Kalender der dritte Donnerstag im April, wünscht man sich einen »Schönen Sommer!«. Das ist ein hübscher Brauch. Im Sommer sind alle fröhlich und vergnügt, und es gibt kaum einen isländischen Dichter, der nicht früher oder später unseren Sommer besungen hätte, unseren wunderbaren Sommer, der so viel besser ist als alle anderen Sommer auf der Welt. Obwohl, so viel besser dann auch wieder nicht.

Wir nutzen die Kraft des positiven Denkens. Wir genießen das halb volle Glas, wo andere über das halb leere jammern. Das Thermometer schafft es selten über zwanzig Grad Celsius, aber wir reißen uns schon bei zehn Grad alle Kleider vom Leib, und Temperaturen ab fünfzehn Grad gelten als Hitzewelle. Im Sommer ist alles easy. Und wenn jemand seinen notorischen Pessimismus zelebriert, hören wir einfach nicht hin. Alle sind optimistisch und gut gelaunt, wir sind das glücklichste Volk unter der Sonne – denn es ist Sommer.

Mit dem Herbst kommt die Angst. Die Tage werden kürzer und die Nächte dafür länger. Auf einmal sind die Sorgen wieder da. Wir fragen uns, ob es wohl einen harten Winter gibt. Und wenn der Winter dann kommt, stecken wir den Kopf unters Gefieder. Jetzt ist Zuhausebleiben angesagt. Für Winterromantik hat man in diesem Land äußerst wenig übrig. Denn nicht nur haben wir keinen richtigen Sommer, sondern auch keinen richtigen Winter. Wenn es an einem Tag schneit, gibt es am nächsten Tag Frost und am dritten Regen. Die Seen sind morgens zugefroren und am Abend wieder getaut. Du weißt nie, was dich erwartet. Deshalb haben wir Isländer es, im Gegensatz zu den anderen Skandinaviern, im Wintersport nie besonders weit gebracht. Die einzige Sportart, in der wir wirklich gut sind, ist Schach. Drinnen vor dem Schachbrett hocken kann man schließlich das ganze Jahr.

Wir sind durch und durch von der Natur und der Witterung geprägt. Wir haben ein ungeheures Anpassungsvermögen – und davon brauchst du auch reichlich, wenn du in diesem Land überleben willst. Hier kann alles passieren. Hier kann die Erde beben oder ein Vulkan ausbrechen. Du kannst dich niemals darauf verlassen, dass alles so bleibt, wie es war. Dein Garten wird vielleicht unter einem Lavastrom begraben, und es gibt Schneestürme im Juni. Aber wir haben gelernt, damit zu leben – vielleicht, indem wir uns eine gewisse Demut gegenüber der Natur und ihren Launen bewahrt haben.

Die Natur können wir nicht verändern, uns selbst und unsere Denkweise schon. An die Natur können wir uns nur anpassen. Wir gehen fischen, wenn das Wetter gerade gut ist, und wir machen Heu, wenn das Wetter gerade gut ist. Diese Anpassungsfähigkeit war schon immer unsere Stärke und der einzige Weg, hier zu überleben. Wenn du dich nicht anstrengst, nicht vorsorgst und die Gelegenheiten nicht nutzt, die sich dir bieten, dann wirst du im nächsten Winter ganz einfach verhungern.

SEND IN THE CLOWN

Ich wurde in eine isländische Arbeiterfamilie hineingeboren. Wir wohnten in einer Reykjavíker Vorortsiedlung in einer Straße namens Kurland, die nach einem norwegischen Dorf benannt war. Meine Eltern waren einfache Leute. Meine Mutter arbeitete in einer Krankenhauskantine, und mein Vater war Polizist, hatte es aber aufgrund seiner kommunistischen Ansichten bei der Polizei nie weit gebracht.

Als sich meine Geburt ankündigte, waren meine Eltern nicht mehr die Jüngsten. Nach einer gern zitierten Familienanekdote soll ich die Folge einer alkoholisierten, taghellen Mainacht in den Westfjorden gewesen sein, vielleicht sogar der Nacht zum 1. Mai – für meinen Vater einer der höchsten Feiertage des Jahres. Die späte Schwangerschaft war für meine Eltern ein Riesenschock, nicht zuletzt für Mama, die sich furchtbar schämte, mit 45 noch mal nachzulegen. Papa war 50.

Als ich schließlich auf der Welt war, stellte ich mich zu allem Überfluss als Rotschopf heraus, was die Sache nicht besser machte, sondern allerhand Fragen aufwarf. Papas Haare waren nämlich kohlrabenschwarz. Meine Großmutter, die bei uns im Haus wohnte, war überzeugt, dass als Vater des Babys eigentlich nur der Nachbar von nebenan infrage kam ...

Meine Geschwister waren alle erheblich älter als ich, und ich hatte in meiner Kindheit wenig bis gar nichts mit ihnen zu tun. Es waren meine Eltern, meine beiden Omas und meine Onkel und Tanten, die mich großzogen. Die Geschwister meiner Eltern waren ebenfalls älter als sie, und jedes Jahr starb irgendein Onkel oder eine Tante. Irgendjemand lag immer im Sterben. Die meisten von ihnen bekamen Krebs und siechten langsam vor sich hin, und irgendwann inmitten dieser ganzen Todesfälle starben auch die beiden Omas.

Ich galt als schwierig. Wild und ungestüm, mit Konzentrationsstörungen und voller Widerstand gegen alles und alle. Sprechen lernte ich dagegen extrem früh und plapperte schon als Zweijähriger wie ein Buch. Ich neigte dazu, mich zu verkriechen, anstatt mit anderen Kindern zu spielen, dann wieder war ich nicht zu bändigen, kletterte auf Bäume und Hausdächer, rannte auf die Straße oder setzte meine körperliche Unversehrtheit sonst wie aufs Spiel. Außerdem warf ich gern mit wüsten Ausdrücken um mich, je unanständiger, desto besser. Ich war eine Art wandelnde Provokation. So galt ich von Anfang an als das schwarze Schaf der Familie.

Aus heutiger Sicht würde ich mich jedoch keineswegs als auffällig bezeichnen. Ich war ein frühreifes Kind in einer festgefahrenen Welt. Mein angeblich anormales Benehmen war die normale Reaktion auf anormale Umstände. Wie so oft.

Nach dem soundsovielten Besuch in der Notfallambulanz schickte man meine Mutter mit mir in die Kinder- und Jugendpsychiatrie. In der Verwandtschaft hielten mich fast alle sowieso für zurückgeblieben und bezweifelten, dass ich jemals in einer normalen Schule zurechtkommen würde. Also steckte man mich in den Hort der Kinder- und Jugendpsychiatrie.

Zufällig gab es in unserem Stadtviertel eine Schule, an der eine Art Pilotprojekt getestet wurde: Unterricht ohne herkömmliches Klassensystem und traditionelle Notenvergabe. Dafür arbeitete man mit der sogenannten »offenen Pädagogik«, damals ein äußerst revolutionäres Konzept. In dieser Schule fühlte ich mich wohl. Im Unterricht verhielt ich mich möglichst auffällig, machte alle möglichen Faxen und störte, wo ich konnte. Aber das war in Ordnung. Man nahm mich so, wie ich war, und behandelte mich mit Respekt, Rücksicht und Geduld. Auch mit dem Lernstoff kam ich anfangs hervorragend klar. Besonders Lesen faszinierte mich, und bald las ich alles, was ich in die Finger bekam, egal, ob für Kinder oder Erwachsene, Comics oder Sachbücher. In den Fächern Lesen, Sachkunde und Nacherzählung gehörte ich zu den Besten, aber wenn es ums Rechnen und Schreiben ging, war ich mehr als mäßig. Meine Buchstaben waren entweder umgekippt oder spiegelverkehrt, meine Rechtschreibung war abenteuerlich, und es war mir unmöglich, die Wörter ordentlich auf einer Zeile unterzubringen. Die Briefe, die ich aus den Sommerferien nach Hause schrieb, wurden gerne bei Familienfeiern herumgereicht, wo sie zuverlässig für Belustigung sorgten. Genau genommen habe ich erst mit fünfzehn einigermaßen schreiben gelernt.

Mir wurde schon in jungem Alter klar, dass ich für diesen Schulalltag nicht geschaffen war. Noch hatte ich den

Eindruck, im Unterricht viel Nützliches zu lernen, denn mit allem, was ich im Fernsehen aufschnappte oder in meinen Büchern las, konnte ich mehr anfangen. Was die Lehrer uns erzählten, war nur selten das, worauf es wirklich ankam. Diese Einsicht wurde mit jedem Schuljahr größer, und als ich elf war, weigerte ich mich schlichtweg, weiterhin für die Schule zu lernen. Ich hatte genug von diesen einseitigen Lernmethoden und dem seelenlosen Wissen, das die Schule einem überstülpen wollte.

Zum Beispiel lehnte ich es strikt ab, Dänisch zu lernen. Ich sah in dieser Sprache keinerlei praktischen Nutzen und hätte viel lieber Englisch gelernt, nur wurde das leider nicht unterrichtet. Oder warum nicht Norwegisch? Ich hatte eine Schwester in Norwegen, die würde ich besuchen und könnte mich dort wenigstens verständigen.

Auch Mathematik gehörte nicht zu den Fächern, auf die ich besonders scharf war. Ich wusste von Anfang an, dass ich es auf diesem Gebiet nie zu Glanzleistungen bringen würde, und fand es vernünftiger, mich auf das zu konzentrieren, was ich gut konnte, anstatt mich sinnlos abzurackern. Außerdem war ich schon immer allergisch gegen Wiederholungen. Wenn ich ein und dasselbe ständig wiederholen muss, kriege ich vor Panik und Beklemmungen kaum noch Luft. Deshalb habe ich als Schauspieler auch so selten auf der Theaterbühne gestanden. Nach der endlosen Probenphase hängt mir das Stück so zum Hals heraus, dass ich mich kaum überwinden kann, es danach soundso oft auf der Bühne zu spielen. Schon zur Premiere muss ich mich mühsam aufraffen.

Ich verkündete also zu Hause, dass ich ab jetzt nichts

mehr für die Schule machen würde. Stattdessen würde ich fernsehen oder lesen. Das zog langwierige Diskussionen zwischen mir, meiner Mutter, den Lehrern und dem Schulleiter nach sich.

»Wenn du nichts lernst, dann wird auch nichts aus dir. Was willst du denn überhaupt werden, wenn du mal groß bist – Müllmann vielleicht?!«, sagten sie.

Die Idee war zweifellos verlockend. Die Müllmänner waren die Seeräuber der Neuzeit. Sie kamen im Morgengrauen, sprangen lässig hinten auf ihre Müllautos, waren frei und unabhängig. Mit Pfiffen und munteren Zurufen hechteten sie hinter den Mülltonnen her, um dann genauso plötzlich, wie sie aufgetaucht waren, wieder zu verschwinden. Für mich waren die Müllmänner eine Art Helden, und ich schaute voller Bewunderung zu ihnen auf.

DIE POLITIK MEINER JUGEND

Mein Vater war ein durch und durch politischer Mensch. Politik spielte bei uns zu Hause immer eine zentrale Rolle. Wenn Besuch kam, drehte sich das Gespräch meistens darum. Wenn es im Radio oder Fernsehen um etwas Politisches ging, wurde sofort lauter gestellt. Politik war schließlich wichtig. Ich versuchte zu verstehen, worum es ging, fand solche Themen aber extrem öde.

Die politische Welt war zweigeteilt. Links. Rechts. Mama hatte mit Politik wenig zu schaffen. Sie wählte *Sjálfstæðisflokkurinn,* die Selbständigkeitspartei, die größte und älteste rechte Partei Islands, lehnte es aber ab, das zu diskutieren oder überhaupt über Politik zu reden. Papa war ein feuerroter Kommunist. Früher war er Mitglied der kommunistischen Partei Islands gewesen, als es die noch gab, und seine politische Ausrichtung drückte unserem Familienalltag in jeder Hinsicht den Stempel auf. Papa war Polizeibeamter in Reykjavík, hatte es innerhalb der Polizei aber nie zu etwas gebracht, obwohl er ein zuverlässiger, pünktlicher und tüchtiger Polizist war. Bekennende Kommunisten hatten bei der Polizei nur sehr begrenzte Aufstiegschancen. Deswegen blieb er zeitlebens ein einfacher Straßenpolizist, während seine Kollegen sich Dienstgrad um Dienstgrad die Karriereleiter hocharbeiteten.

Er hielt große Stücke auf die Sowjetunion und war Mitglied im Isländisch-Sowjetrussischen Kulturverband und hatte eine Zeitschrift namens Sowjet-Nachrichten abonniert. Wenn es im Politbüro der KPdSU personelle Veränderungen gegeben hatte, bekam Papa ein gerahmtes Foto des Neuzugangs nach Hause geschickt. Ich weiß noch genau, wie er alles, was Breschnew verlauten ließ, gleich an Mama und mich weitergab. Die einzige Gelegenheit am Tag, uns allen zu begegnen, war das gemeinsame Abendessen. Wenn Breschnew also etwas Bemerkenswertes gesagt hatte, dann nutzte Papa diese Gelegenheit, um uns davon zu berichten. Weder Mama noch ich waren besonders wild darauf zu erfahren, was Breschnew gesagt oder getan hatte, aber wir hielten den Mund und nickten interessiert.

In unserer Abstellkammer hing er an der Wand - auf einem Foto unter Glas. Er schaute grimmig, trug eine Art Uniform und war mit allen möglichen Orden und Medaillen behängt. Als dann 1982 Juri Andropow das Amt des Generalsekretärs übernahm, bekam Papa auch von dem ein Foto. Andropow sah nicht viel anders aus als Breschnew, außer dass er weniger Medaillen auf der Brust hatte. Papa lief stolz und glücklich mit dem Bild durch die Wohnung und wollte es gleich irgendwo aufhängen. Aber Mama war dagegen.

Papa suchte weiter nach einem geeigneten Platz, aber Mama blieb hart. Andropow hätte weder in unserem Wohnzimmer noch in der Küche oder im Fernsehzimmer etwas zu suchen, und so landete er in der Vorratskammer an der Seite seines Amtsvorgängers.

Mama und Papa bezogen zwei Tageszeitungen: das

rechtskonservative, christlich orientierte *Morgunblaðið* und den linksliberalen *Þjóðviljinn*. Die Seiten dieser Zeitungen spiegelten exakt den Kalten Krieg wider, denn beide Blätter kommentierten das Tagesgeschehen aus ihrer jeweiligen Perspektive. Die führenden Politiker waren entweder Götter oder ein Ausbund des Teufels.

Ich selbst hatte zwei Zeitschriften abonniert, *Donald Duck* und *Die Jugend*, ein isländisches christliches Magazin für Kinder und Jugendliche, die aber beide nur einmal im Monat erschienen. Ich studierte die Hefte jedes Mal aufmerksam von vorn bis hinten, in der Hoffnung, auf etwas Interessantes zu stoßen. Und wenn ich selbst den aktuellen *Donald Duck* schon so gut wie auswendig konnte, schnappte ich mir die Sowjet-Nachrichten – bloß, um mich mit Lektüre zu versorgen – die mich dann etwa über jene wunderbaren nagelneuen Traktoren informierten, die irgendein sowjetischer Landwirtschaftsbetrieb geliefert bekommen hatte.

Durch Papa, die Zeitungen und die ständigen Diskussionssendungen in Radio und Fernsehen entwickelte ich eine Abneigung gegen Politik. Politik war doof, nervig und langweilig. Und ungerecht: Nur weil die Vereinigten Staaten und die Sowjetunion sich nicht einig werden konnten, lebten wir auf einem Pulverfass. Die Sowjets hatten ihre Atomraketen auf Amerika gerichtet, und Amerika die seinen auf die Sowjetunion. Es war nur eine Frage der Zeit, bis der Atomkrieg ausbrechen würde. Im Prinzip konnte es jeden Moment so weit sein. Die Folgen für die bewohnte Welt wären verheerend und würden alles Leben auf der Erde für immer auslöschen. In meiner jugendlichen Unschuld dachte ich oft, dass die Welt bestimmt friedlicher und schöner würde, wenn man die Politik einfach sein ließe. Wenn die Leute das ganze Politgelaber einfach abstellten und dafür über andere Themen redeten, wie zum Beispiel über Seeräuber, Essen oder Müllmänner.

PUNK UND ANARCHISMUS

Ich war dreizehn, als ich den Punk für mich entdeckte. Damals war es in Island ziemlich schwierig, irgendwas über Punk zu erfahren. Alles, was wir hatten, war ein einziger öffentlich-rechtlicher Radiosender, der sich auf isländische Chormusik und Klassik beschränkte. Oft wurden die Stücke und ihre Interpreten nicht mal angekündigt, sondern nur mit einem flotten Standardspruch eingeleitet, wie »Und jetzt kommen noch ein paar muntere Takte aus unserem Schallplattenarchiv«. Punk kam in den isländischen Medien selten bis gar nicht vor, und das Musikangebot war so begrenzt, dass wir Musik hauptsächlich in Form von immer wieder überspielten Kassetten konsumierten. In der Bibliothek gab es den *Melody Maker* und im Buchladen das deutsche Teenie-Magazin *Bravo*.

Ich habe keine Ahnung, warum die *Bravo* hier verkauft wurde, aber dort fand ich immerhin Artikel über Punk. Da ich kein Deutsch verstand, war ich auf die Abbildungen angewiesen. Einmal bekam ich eine Ausgabe mit einem Poster von Nina Hagen in die Finger. Ich pinnte mir das Poster sofort an meine Zimmerwand. Nina Hagen war meine erste große Liebe, und ich war hoffnungslos verknallt. Bis ich sie zum ersten Mal singen hörte. Was für eine Enttäuschung. Entweder brabbelte sie irgendwas auf Deutsch, oder sie wechselte plötzlich zu Operngejaule. Punk und Oper passten für mich einfach nicht zusammen. Außerdem verstand ich ihre Texte nicht. Das Einzige, was ich glaubte herauszuhören, war, dass sie unbedingt nach Afrika wollte. Und was war daran bitteschön Punk? Gab es in Afrika überhaupt Punks? Und wäre sie in England nicht viel besser aufgehoben?

Es waren die *Sex Pistols*, die mir den Punk nahebrachten. Was wohl hauptsächlich damit zu tun hatte, dass der Sänger, Johnny Rotten, genauso rothaarig war wie ich. Ich wollte ihm in jeder Hinsicht ähnlich sein. Das ging so weit, dass ich mir zeitweise den Künstlernamen »Jónsi Rotten« zulegte, den ich in alle Schulbücher kritzelte und an Hauswände schmierte.

Dann lernte ich *Crass* kennen, und alles andere wurde nebensächlich. Was diese Band zu sagen hatte war einfach wahr, gut und richtig, und so wurde diese Entdeckung zur Geburtsstunde meiner politischen Überzeugung. Von da an sammelte ich alles, was ich an Material und Informationen über Anarchismus in die Finger bekam, oft über ältere Freunde und Bekannte oder aus Büchern. In den folgenden Jahren war ich Stammgast in der Stadtteilbücherei, wo ich auf ausgedehnten Beutezügen alles aufspürte, was auf irgendeine Art mit Anarchismus zusammenhing. Unter anderem grub ich ein paar politologische Lehrbücher aus, in denen allerdings über Anarchismus erschreckend wenig zu finden war. Trotzdem schrieb ich mir alle Namen raus, die in diesem Zusammenhang erwähnt wurden: Proudhon, Kropotkin, Bakunin, Malatesta und wie sie alle hießen. Alles wurde gewissenhaft notiert. Die Fachbücher zum Thema waren fast alle auf Englisch und hingen damit zu hoch für Leute wie mich, deren Sprachkenntnisse gerade ausreichten, um einen einfachen Songtext zu übersetzen. Also blieb mir *Anarchism – Practice and Theory* leider verschlossen, aber immerhin konnte ich den ein oder anderen Artikel über Bakunin oder Proudhon ausfindig machen. Das einzige Buch, das es auf Isländisch gab, war eine Biographie des Fürsten Kropotkin, ein dicker Wälzer, den ich mit nach Hause schleppte und von vorn bis hinten durchackerte. Zu meiner großen Enttäuschung war von Anarchismus so gut wie nirgends die Rede.

Aber ich hatte ja *Crass*.

Mit der Zeit hatte ich ein beachtliches Archiv aus Zeitungsausschnitten, Fotokopien und handschriftlichen Notizen angesammelt, in denen ich festhielt, was mir andere erzählt hatten. So landete ich eines Tages bei der Zeitschrift *Black Flag*, einem britischen Anarchisten-Blatt, wodurch ich nicht nur mein Englisch trainierte, sondern auch Briefkontakte zu Anarchisten im Ausland aufnehmen konnte.

Je mehr ich über Anarchismus erfuhr, desto größer meine Gewissheit, selbst einer zu sein und schon immer einer gewesen zu sein. Anarchie war und ist für mich der einzige Weg zu einer klassenlosen Gesellschaft, einer Solidargemeinschaft, die die Freiheit des Einzelnen respektiert und in der jeder sein Leben frei und ohne Fremdbestimmung gestalten kann, so lange er oder sie die Freiheit anderer nicht beeinträchtigt.

Es gab nur eines, was ich an der anarchistischen Ideologie partout nicht unterschreiben konnte, und das war die Gewaltbereitschaft. Als Kind habe ich selbst jahrelang unter häuslicher Gewalt gelitten und würde nie auf die Idee kommen, das an anderen auszulassen. Gewalt war und ist die Schattenseite menschlichen Zusammenlebens. *Anarchy and peace,* das war es, wonach ich mich sehnte. Diese Überzeugung führte mich zu den Lehren Gandhis und von Gandhi weiter zu Tolstoi und seiner christlichen Anarchie. Dann folgte ein kurzer Abstecher zu Max Stirner und seinem individualistischen Anarchismus, aber auf Dauer konnte ich mich auch damit nicht identifizieren. Mir ist bis heute schleierhaft, warum der Starke und Gebildete mehr Recht auf Lebensfreude haben sollte als der, der die Tricks der anderen nicht beherrscht. Auch die christlichen Anarchisten kamen für mich letztlich nicht infrage, denn bisher ist es mir, trotz wiederholter aufrichtiger Versuche, nicht gelungen, an einen Gott zu glauben.

Anarchismus und Surrealismus sind für mich zwei Seiten derselben Medaille. Über beides habe ich im Lauf der Zeit Unmengen gelesen und auch einiges selbst erlebt, und beides hat mich und meine Sicht auf das Leben und unsere Welt entscheidend geprägt. Auch in der Kunst haben mich Surrealismus und Absurdismus von je her fasziniert, ob in der Malerei, im Film oder der Komödie. Surrealismus bedeutet, genau wie Anarchismus, bedingungslos an seine Träume zu glauben. Ich habe einen Traum, und obwohl ich genau weiß, dass er sich nie erfüllen wird, bin ich bereit, meine gesamten Zeit und Energie für diesen Traum aufzuwenden. Es gibt unzählige Varianten und Spielarten des Anarchismus: Anarchosyndikalismus und Anarchofeminismus zum Beispiel, und gerade diese beiden, die mich so stark geprägt haben, hätte ich gerne miteinander gekreuzt.

Im Surrealismus steckt eine Menge Wahrheit. Wir Menschen neigen ja dazu, alles erklären, einordnen und definieren zu wollen. Das gehört zu den Vorzügen unseres hoch entwickelten Gehirns und wird häufig dazu genutzt, die Welt in zwei Hälften zu teilen. Spreu und Weizen, richtig und falsch, schwarz und weiß, positiv und negativ, Anfang und Ende. Logisches binäres Denken. Für die meisten ist die Realität eine Tatsache. Für den Surrealisten ist sie ein Traum.

Wie schon oben gesagt: Ein Anarchist ist einer, der vom gemütlichen Wohnzimmer aus die Gesellschaft kritisiert. Das ist nicht ganz verkehrt. Der rebellische Anarchist Jón jedenfalls gründete eine Familie, besorgte sich einen Job und mietete eine Wohnung. Ich hatte keinen Schulabschluss und demnach auf dem Arbeitsmarkt nur begrenzte Chancen. Irgendwann fing ich an, es mit Comedy und Schauspielerei zu versuchen, kam allmählich ins Geschäft und machte das schließlich zu meinem Hauptberuf.

ALBERNHEITEN

Als kleiner Junge wollte ich Zirkusclown werden. Ich träumte davon, mich im Ausland einer Zirkustruppe anzuschließen und durch die Welt zu reisen. Meine Eltern und meine Lehrer waren von solchen Ideen weniger begeistert. Ihrer Meinung nach war Spaßmacherei etwas, das man auf ein Minimum begrenzen und schon gar nicht zum Beruf machen sollte. Komik war allenfalls schmückendes Beiwerk, aber niemals die Hauptsache im Leben.

Mein Lehrer sagte: »Jón, mit solchen Albernheiten wirst du es nie zu etwas bringen.« Inzwischen habe ich wohl das Gegenteil bewiesen. Ohne meinen robusten Humor säße ich heute wohl in irgendeiner Anstalt.

Ich hatte von Anfang an ein unstillbares Interesse für jede Art von Comedy – Schallplatten, Fernsehshows und Filmkomödien. In der Comedy sah ich eine Chance, eine Zukunft, die keinem außer mir aufzufallen schien. Ich war verrückt nach *Fawlty Towers* und *Monty Python* und ließ im Kino keine Komödie aus. Mit acht erfand ich meinen ersten Witz. Auf Schulfesten stand ich im Mittelpunkt des Geschehens und nutzte auch sonst jede Gelegenheit, Faxen zu machen. Ich liebte Wortspiele, Verballhornungen und schräge Kalauer und stellte schon sehr früh fest, dass ich dabei regelrecht in Trance geraten konnte und zu einer Art

Höhenflug ansetzte. Von den Erwachsenen wurde ich dafür regelmäßig zurechtgewiesen. Als sei ihnen so was unangenehm. Gute Laune haben ist fast anstößig. Ist Fröhlichkeit denn etwas Peinliches, etwas, wofür man sich schämen muss? Ich jedenfalls wurde ständig ermahnt, doch endlich die Faxen sein zu lassen.

Als ich älter wurde, machte ich mir klar, dass ich, um Comedian sein zu können, zuerst Schauspieler werden musste. In die Schauspielschule, erinnerten mich meine Lehrer, käme ich allerdings nur mit Abitur. Und da ich es für unwahrscheinlich hielt, jemals genug Sitzfleisch für einen Schulabschluss aufzubringen, zerplatzte auch dieser Traum. Die Alternativen sahen deprimierend aus: Ich würde mich mit schlecht bezahlten Jobs durchs Leben schlagen und am Wochenende auf Partys den Pausenclown geben. Und genau so kam es. Als ich achtzehn war, lernte ich auf einer solchen Party einen Typen kennen, dem es ähnlich ging wie mir. Er war begabt, einfallsreich und originell, hatte beeindruckende künstlerische Fähigkeiten, aber in der Schule war er von vorn bis hinten durchs Raster gefallen. Sein Name war Sigurjón Kjartansson. Sigurjón war Gründungsmitglied der Band *HAM*, an der Seite von Óttarr Proppé (der später für die *Beste Partei* ins Stadtparlament gewählt wurde) und Sigurður Björn Blöndal (der heute mein Assistent und politischer Berater ist).

Sigurjón und ich saßen gerne zusammen, um irgendwelchen Unfug auszuhecken. Óskar Jónasson, ein guter Freund von Sigurjón, hatte damals gerade sein Studium als Filmregisseur angefangen und schon ein paar Kurzfilme gedreht. Als er den Auftrag bekam, eine Comedy Show im

Fernsehen zu machen, brachte er Sigurjón dort in einer kleinen Nebenrolle unter. Gemeinsam erarbeiteten wir ein paar Sketche.

Ich hatte kurz zuvor die Prüfung zur Beförderung von Personen abgelegt und eine Karriere als Nacht-Taxifahrer in Reykjavík begonnen. Die Comedy war deshalb nur als netter kleiner Nebenjob gedacht, eine Art Hobby, zur Entspannung in der Freizeit. Aber auf einmal entwickelte das eine Eigendynamik.

Man schrieb das Jahr 1993, und während ich mir als Komiker allmählich einen Namen machte, mampfte Davíð Oddsson, damaliger Premierminister und ehemaliger Bürgermeister von Reykjavík, seinen ersten BigMac im ersten McDonald's auf isländischem Boden.

Die Reaktionen ließen keinen Zweifel, dass ich mit dieser Art von Comedy hierzulande eine Marktlücke besetzt hatte. Die Fahrgästen klopften mir im Taxi auf die Schulter und sagten: »Weiter so.«

Auch die Live-Blödeleien von Sigurjón und mir hatten mittlerweile die Runde gemacht, und da das Angebot an guter Comedy begrenzt war, lud man uns zu einem Auftritt beim Sommerfest der isländischen Toyota-Vertretung ein. Und damit nicht genug: Wir bekamen sogar Geld dafür. Für das Honorar musste ich sonst das ganze Wochenende Taxi fahren.

Durch das Sommerfest hatten wir uns in gewissen Kreisen einen Namen gemacht, und es dauerte nicht lange, und wir waren jedes Wochenende ausgebucht. Wir versuchten, ein möglichst vielseitiges Repertoire aufzubauen: ein bisschen Stand-up, ein paar Theaternummern und dazwischen

Musikeinlagen. Allerdings spielte Sigurjón außerdem in seiner Band, weshalb es vorkam, dass wir für einen Auftritt gebucht waren, die Band aber zeitgleich anderswo einen Gig hatte. Dann hatte ich genau zwei Möglichkeiten – entweder meinen Auftrag sausen zu lassen, nur weil Sigurjón nicht konnte, oder ohne ihn aufzutreten und das volle Honorar alleine einzustreichen. Die Entscheidung fiel nicht schwer. Allerdings fehlte mir der Mut. Schon bei dem Gedanken, allein auf der Bühne zu stehen, wurde mir schwindlig. Die gemeinsamen Sketche würden von vornherein wegfallen, und die Musiknummern – schließlich bin ich so unmusikalisch wie ein Liter H-Milch – ebenfalls. Meine einzige Chance war der Stand-up. Allein auf der Bühne stehen und Witze erzählen.

Anfangs war die Sache ziemlich holprig. Ich war unerfahren und nervös, und das Feedback des Publikums hielt sich in Grenzen. Manches funktionierte, anderes ging gar nicht. Also schmiss ich die Flops nach und nach raus und konzentrierte mich auf die erfolgreichen Nummern, bis ich ein zwanzigminütiges Programm zusammenhatte. Und auf einmal hörten mir die Leute zu – und ließen sich zum Lachen bringen. Auch an Zwischenrufe gewöhnte ich mich, entwickelte sogar eine spezielle Technik, darauf zu kontern. Die Bühne war nicht länger ein Ort des Schreckens, inzwischen hatte ich selbst einen Heidenspaß. Mein Selbstbewusstsein bekam einen enormen Schub, und auf einmal wusste ich: Hier war mein Zuhause. All das übertrug sich wiederum auf das Publikum.

Ich bin überzeugt, dass Humor sich immer mehr zu einer anerkannten Schlüsselkompetenz entwickeln wird, die nach und nach alle Lebensbereiche erobert. Wenn du keinen hast, dann hast du ein Problem. Das ist eine ganz natürliche Entwicklung. In Zukunft zählt nicht mehr nur, dass du gut in deinem Beruf bist und mit anderen Menschen zurechtkommst – du musst auch unterhaltsam sein. Aber ebenso wie die emotionale Intelligenz und die »weibliche Intuition« wird auch der Humor gerne mit Skepsis beäugt, und je verkorkster eine Gesellschaft, desto eher wird sie solche Vorurteile entwickeln.

All das wird sich in Zukunft ändern. Wer kein Lächeln zustande bringt und nie einen lockeren Spruch auf den Lippen hat, der wird schräg angeschaut und irgendwann einfach ignoriert werden.

Die Welt und die Menschheit erleben derzeit eine einschneidende Umbruchphase. Veränderungen und Umbrüche hat es immer gegeben, aber heute vollziehen sie sich in einem ungleich rapideren Tempo. Durch das Internet sind die Menschen auf unserem Erdball vernetzt wie nie zuvor. Ein Jugendlicher in China, eine ältere Frau in Mexiko und ein 45-jähriger Anarcho-Surrealist in Reykjavík können innerhalb von Sekunden Facebook-Freunde werden. Der Eintritt in das Zeitalter des Humors ist ein weiterer Schritt nach vorn, der uns von allen anderen Tierarten unterscheidet.

Wenn sich der Humor als wichtige, allgemein anerkannte Charaktereigenschaft erst einmal durchgesetzt hat, werden auch die Bewohner dieser Erde besser miteinander auskommen. Sie werden erkennen, dass das Leben zu kurz ist, um sich und andere zu ärgern und zu bekämpfen, und stattdessen versuchen, dem Leben ein Höchstmaß an Genuss und Erfüllung abzugewinnen. Und auch das Wort selbst, »Humor«, wird in neuen Bedeutungen und neuen Zusammenhängen auftauchen: eine humoristische Regierung, humoristische Methoden, humoristische Finanzen, Humor beim Sex, Humor in Kunst und Kultur. Viele werden solche Visionen von einer Gesellschaft, die auf Lachen, Komik und Humor beruht, als kindisch und absurd abtun. Ich dagegen sehe darin einfach die logische Fortentwicklung menschlichen Denkens. Mit anderen Worten: Wenn du in Zukunft die Nase vorn haben willst – dann brauchst du Humor.

Als Comedian bin ich lange Zeit durch ganz Island gereist. Ich fuhr immer mit dem Auto in Städte und kleine Ortschaften, meistens waren das lange Fahrten. Da ich immer schon ein Bewunderer der deutschen Sprache war, kam ich auf die Idee, währenddessen einen Deutsch-Sprachkurs zu hören. So habe ich über Monate den Abenteuern eines gewissen Herrn Werkner gelauscht, Details über seinen Zugfahrplan, seine Ernährung und seine skurrilen Gespräche mit den Nachbarn erfahren. Aber so richtig konzentrieren konnte ich mich darauf nicht. Deswegen ist der einzige deutsche Satz, den ich behalten habe: »Hören Sie gut zu und wiederholen Sie!!!«

DER FINANZ-CRASH

Mit der Privatisierung der Banken wurde alles anders. Eine Handvoll mächtiger Finanzmogule hatte beschlossen, die bis dahin staatlich kontrollierten Banken an ihre reichen Kumpels zu verschenken – oder sie ihnen für ein Trinkgeld zu überlassen –, damit diese ihnen im Gegenzug den einen oder anderen Dienst erwiesen. Auf einmal wurden die isländischen Banken, die bis dahin eher provinziell und spießig gewirkt hatten, richtig cool. Und damit brachen verrückte Zeiten an. Gleichzeitig bildete sich eine neue Oberschicht heraus, Leute, die, anstatt zu arbeiten, mit virtuellen Geldbeträgen herumjonglierten, Range Rover fuhren und am Telefon Businesstalk vortäuschten.

Innerhalb weniger Jahre blähte sich der Bankensektor zu einer gigantischen Blase auf, und zuletzt hatten die Banken etwa das Zehnfache des Bruttoinlandprodukts angehäuft. Die Politiker standen macht- und tatenlos daneben und verstanden die Welt nicht mehr, und den Bürgern wurde die Sache allmählich suspekt. Dabei versicherte uns der Präsident immer wieder, es bestünde keinerlei Grund zur Besorgnis. Das hier waren einfach coole Jungs, die Wikinger der Neuzeit, die in die Welt hinauszogen, raubten und plünderten, um dann, die Schiffe randvoll mit Gold, Frauen und Sklaven, wieder in den Heimathafen einzulaufen.

Kredite waren so leicht zu kriegen wie noch nie. Auf Schritt und Tritt warfen dir die Banken ihre günstigen Angebote hinterher, und jeder x-beliebige Weihnachtsmann konnte in die nächste Bankfiliale stiefeln und einen Kredit aufnehmen. Wenn du eine Wohnung kaufen wolltest, reichte eine einzige Unterschrift, und du hattest deine Wohnung. Nach dem Motto: »Sag mir, was du dir wünschst – und wir leihen dir das Geld dafür. Das ist unser Job«.

Im Grunde blickte niemand so richtig durch, aber die Bürger ließen sich nur zu gerne weismachen, dass diese ausgefuchsten Finanzwikinger schon wüssten, was sie taten. Doch irgendwann war es so weit, und wir mussten der bitteren Wahrheit ins Auge sehen: Es war alles nur auf Pump.

Und dann kam die große Abrechnung.

Fast über Nacht stürzte alles in sich zusammen. Die Regierung berief eine Notstandssitzung ein und brütete bis tief in die Nacht. Die Journalisten klebten von außen an den Fensterscheiben und versuchten herauszufinden, um was es eigentlich ging, aber die Politiker verweigerten jeden Kommentar. Auf jeden Fall schien die Lage ziemlich ernst zu sein. Dann kam die Ansprache des Ministerpräsidenten. Er erklärte, die isländischen Banken seien praktisch pleite, und wenn man nicht schleunigst geeignete Maßnahmen ergreife, drohe dem Land der Staatsbankrott. Und schloss mit seinem legendär gewordenen Stoßseufzer »Gott segne Island«.

Dann kam die Krise.

Wo immer ein paar Leute zusammenhockten, gab es nur ein einziges Gesprächsthema, und man wetteiferte darin, die düstersten Zukunftsszenarien zu entwickeln. Die

Arbeitslosenquote würde bis auf 25 Prozent ansteigen. Eine zweite Krise sei bereits im Anmarsch. Und die globale Erwärmung habe einen historischen Höhepunkt erreicht. Nach anhaltenden und lautstarken Protesten der Bürger, die mit Töpfen, Pfannen und Kochlöffeln auf dem Platz vor dem Althingi zusammenkamen und dort einen Heidenlärm veranstalteten – die sogenannte »Kochtopfrevolution« –, trat die Regierung geschlossen zurück.

Ich war damals hin und wieder in der Innenstadt unterwegs, um mir das Spektakel anzuschauen, hatte aber kein Bedürfnis, mich unter die Demonstranten zu mischen. Wut und Aggression schaukelten sich immer mehr auf. Fast täglich wurde von Zusammenstößen mit der Polizei berichtet, zum Beispiel, wenn die wütende Menge in öffentliche Gebäude eindrang, um live übertragene Sitzungen zu sprengen. Dann wurden Parlamentswahlen angesetzt und eine neue Regierung gewählt. Die erste rein linke Regierung in der Geschichte der Republik. Die Erwartungen an die neuen Machthaber waren hoch, ihr Handlungsspielraum dagegen – nicht zuletzt durch die strengen Auflagen des Internationalen Währungsfonds – äußerst begrenzt.

Inzwischen hatte sich Davíð Oddsson auf dem Chefsessel der Isländischen Zentralbank niedergelassen, woraufhin sich die Bürgerproteste vor das Bankgebäude verlagerten. Das Volk forderte seinen sofortigen Rücktritt – Davíð Oddsson, das Antlitz der Krise! Ich selbst sah es mit großer Befriedigung, dass dieser durch und durch marode Verein endlich weg vom Fenster war. *Sjálfstæðisflokkurinn,* die Selbständigen, einstmals eine solide, verlässliche Partei, die sich eher auf gesunden Menschenverstand verließ als auf

Lippenbekenntnisse, war zu einer verfilzten, korrupten Clique verkommen. Ihre Abgeordneten weigerten sich grundsätzlich, eigene Fehler einzugestehen, wanden sich aus allem heraus und zeigten dafür mit dem Finger auf andere.

Nach anhaltenden Bürgerprotesten und einer Gesetzesänderung durch das Althingi musste auch Davíð Oddsson seinen Hut nehmen. Die schwedische Tageszeitung *Dagens Nyheter* kürte ihn daraufhin zum »miesesten Notenbankchef aller Zeiten«. Und im *Time Magazine* rangierte er unter den 25 Schlüsselpersonen, die man für die internationale Wirtschaftskrise verantwortlich machte. Nach seinem Rausschmiss bei der Notenbank wechselte Davíð nahtlos in die Chefetage von *Morgunblaðið* – Islands älteste Tageszeitung und treue Hauspostille der Konservativen –, von wo aus er sich nun regelmäßig mit Leitartikeln und Kolumnen zu Wort meldet, in denen er ausführlich darlegt, was für ein alberner und komplett unfähiger Bürgermeister ich sei. Bis heute hat er keinen einzigen Fehler eingestanden, geschweige denn, jemanden um Verzeihung gebeten, und ist nach wie vor überzeugt, dass ihn selbst und seine Partei keinerlei Schuld an der Misere trifft.

Seither zerbrechen sich viele darüber den Kopf, was eigentlich schiefgelaufen ist. Wie genau kam es zur Finanzkrise? Wenn ich mir die Leute anschaute, die in den Bankenkollaps verstrickt waren, alle diese Beamten, Politiker, Journalisten und Wirtschaftsbosse, frage ich mich, was haben diese Leute gemeinsam? Sie haben einen unterschiedlichen sozialen Hintergrund, unterschiedliche Hobbys und unterschiedliche Lebensstile. Manche sind links orientiert, andere rechts. Auf den ersten Blick lässt sich keinerlei

Muster erkennen. Wenn es überhaupt einen gemeinsamen Nenner gibt, dann sind das die isländischen Universitäten. Diese Leute sind zum überwiegenden Teil an isländischen Unis und Hochschulen ausgebildet worden. Und seltsamerweise sind viele von denen, die vor dem Crash an den Schaltstellen der isländischen Wirtschaft saßen, hinterher als Hochschullehrer wieder aufgetaucht. Die meisten von ihnen kommen aus den Sozialwissenschaften, haben also Volks- oder Betriebswirtschaft, Jura oder Politologie studiert. Andere Fächer kommen praktisch nicht vor. Bevor sich diese Leute an der Uni einschrieben, gingen sie aufs Gymnasium, wo sie oft bereits politisch aktiv waren, der Jugendorganisation einer Partei beitraten oder an Debattierwettbewerben teilnahmen.

Vertreter aus Wirtschaft und Politik sind an die Öffentlichkeit getreten und haben sich zu ihrer Mitschuld an der Bankenkrise bekannt. Dagegen wüsste ich nicht, dass sich jemand aus Forschung und Wissenschaft für irgendwas entschuldigt oder auch nur eingesehen hätte, dass auch die Unis ihren Teil beigetragen haben. Um nicht zu sagen, die Keimzellen der Krise waren, die Brutstätten, in denen die Finanzwikinger herangezüchtet wurden.

In gewisser Hinsicht scheint das isländische Schulsystem über jede Kritik erhaben. Viele halten es sogar für nahezu perfekt. Nicht, dass ich unser Schulwesen als komplett unbrauchbare und missglückte Institution hinstellen wollte – aber dass es dort mehr als nur ein paar Kleinigkeiten nachzubessern gibt, ist wohl nicht zu bestreiten. In der Schule wird kreatives Denken schon im Keim erstickt. Der Anteil an kreativitätsfördernden Unterrichtseinheiten liegt bei unter 10 Prozent. Die meisten Unterrichtsstunden werden darauf verwendet, die Schüler mit Wissen vollzustopfen, um das sie nie ausdrücklich gebeten haben. Trotzdem wird ihnen dieses als Grundvoraussetzung für jeglichen Erfolg im Leben verkauft.

Wenn wir eine echte Demokratie wollen, müssen wir schon in den Grundschulen den Keim dazu legen. In einem wirklich demokratisch organisierten Schulsystem könnten Eltern und Schüler mitbestimmen, was sie lernen wollen. Und hätten zumindest ein gewisses Maß an Mitspracherecht. Aber so etwas hat sich bis heute noch nirgendwo realisieren lassen. Der einzige Weg, das Schulsystem langfristig zu ändern, scheint mir, es von Grund auf neu und unter anderen Vorzeichen aufzuziehen. Dass das in absehbarer Zeit geschieht, ist allerdings zu bezweifeln.

DER DRITTE WEG

2009 arbeitete ich in einer Werbeagentur als Creative Director, aber in Zeiten von Rezession und umfassenden Sparmaßnahmen wurden auch dort Leute entlassen und den anderen der Lohn gekürzt, und so trennte ich mich, im Einvernehmen mit der Firma, nicht ungern von diesem Job. Auch in der Fernsehbranche wurde es immer enger. Meine Zukunft lag im Nebel, und ich hing völlig in der Luft. Und genau aus diesem Vakuum heraus fasste ich den Beschluss, in die Politik zu gehen.

Zunächst einmal schlug sich die Krise in einem rapiden Verfall der Kaufkraft nieder. Die Preise schnellten in die Höhe, und die Löhne sackten dafür ab. Ich hatte einen Kredit aus dem Jahr 2000 zu bedienen und zahlte außerdem ein Auto ab, Kredite, die ich in Fremdwährung aufgenommen hatte. Mit dem Fall der Krone wuchsen diese Kredite ins Unermessliche, sodass das Auto plötzlich so viel wert war wie eine kleine Wohnung. In diesen Wochen und Monaten war Politik praktisch das einzige Gesprächsthema. Die Politiker hatten versagt. Waren Idioten und Arschlöcher. So sehr es alle freute, dass die Selbständigen endlich abserviert worden waren, erwiesen sich die Linken als nicht viel besser. So hatte sich durch die Neuwahlen, abgesehen von den Gesichtern, nicht viel geändert. Was fehlte, war etwas wirklich Neues. Etwas anderes als unsere eingefahrene stinklangweilige Parteipolitik. Was fehlte, waren neue Wörter, neue Begriffe, neue Werte und junge, unverbrauchte Gesichter. Es war höchste Zeit, dass die Politiker sich von ihren vorgefertigten Phrasen trennten und das starre, überkommene Rechts-links-Denkschema aufgaben. Und was machst du, wenn du zwischen zwei Möglichkeiten wählen sollst, von denen beide gleich schlecht sind? Du erfindest eine dritte.

Ich werde immer wieder gefragt, wie ich eigentlich dazu kam, die *Beste Partei* zu gründen. Die Antwort lautet: Ich hatte ganz einfach die Idee. Und eine Idee wird geboren, wenn zwei Ideen Sex miteinander haben und dadurch eine dritte Idee entsteht. Allerdings sollte man in diesem Fall eher von Gruppensex reden, denn zunächst mal war ein ganzer Haufen von Ideen im Spiel, bis daraus schließlich *die* Idee hervorging. Und als sie einmal in der Welt war, gab es kein Zurück. Dazu war sie einfach zu brillant.

Und das kam so.

Inzwischen hatte der Internationale Währungsfonds die finanziellen Fäden in der Hand, und die Insider der Branche waren sich sicher, dass er als Erstes den Kulturetat zusammenstreichen würde. Alle Förderungen und Stipendien für Künstler und Kulturschaffende würden radikal gekürzt, und man munkelte sogar von Plänen, das Isländische Staatstheater dichtzumachen. Fernsehstar oder Schauspieler waren in Island zu dieser Zeit nicht gerade zukunftsträchtige Berufe.

Trotz dieser Umstände tat sich für mich etwas Neues auf. Ein befreundeter Regisseur wollte mich für eine Sketch-

Show gewinnen. Ich sagte zu, und von da an hockten wir über dem neuen Projekt. Und genau dort ist wohl auch die Idee zur *Besten Partei* erstmals aufgetaucht. Ich hatte für diese Sketchshow einen Charakter erfunden, einen einfältigen Kommunalpolitiker mit selbstherrlichem Gehabe und den absurdesten Wahlversprechen. Sein Motto und Parteilogo lautete *Thumbs up!*, und er selbst war eine schräge Mischung aus Groucho Marx, Tony Blair und einem amerikanischen Autoverkäufer. Ich experimentierte mit Sprüchen wie »Allerlei für unsere Underdogs!« oder »Allerhand vom Allerbesten!« herum, nannte die Partei, für die er kandidierte, *Besti flokkurinn – Die Beste Partei* (»Warum die Zweitbesten wählen, wenn Sie *Die Besten* haben können«) und erfand noch weitere Schlagwörter und Slogans nach diesem Strickmuster, je platter und dämlicher, desto besser. Anfangs hatten wir noch ein paar andere Ideen auf der Liste, die aber ziemlich schnell vom Tisch waren. Zwischendurch schlüpfte ich selbst in die Rolle des Abgeordneten, leierte ein paar doofe Sprüche herunter und setzte ein dümmlich-zwanghaftes Grinsen auf. Realisiert wurde die Idee allerdings nie, und das hatte seine Gründe. Nachdem die Protestdemos vor dem Althingi mittlerweile zum täglichen Ritual geworden waren, sahen wir selbst ein, dass es nicht der richtige Zeitpunkt war, einem Fernsehsender ausgerechnet diese Story anzudrehen.

Auf Schritt und Tritt traf man zu der Zeit jemanden, der seinen Job verloren hatte oder Lohnkürzungen hinnehmen musste. Die meisten hatten Fremdwährungskredite am Hals, die sich durch den freien Fall der Krone in absurde Dimensionen geschraubt hatten. Alle diese Leute wachten eines Morgens auf und mussten feststellen, dass sich ihre Schulden verhundertfacht hatten. Diese Stimmung aus Wut und Verunsicherung machte mir, wie vielen, ziemlich zu schaffen. Wie konnte es sein, dass eine ganze Gesellschaftsschicht nur auf ihren eigenen Profit geschielt und die Politiker dazu gebracht hatte, diesen immer weiter und weiter aufzublähen? Bisher waren für mich Politiker alle irgendwie gleich, darunter ein paar Alkoholiker oder Unruhestifter, wie überall, aber im Großen und Ganzen anständige Leute, wenn auch nicht die anregendsten Gesprächspartner. Aber offensichtlich war das ein riesengroßes Missverständnis.

Viele meiner Freunde und Bekannten nahmen regelmäßig an den Protestkundgebungen teil. Sie kamen vor dem Parlament zusammen, pfiffen und brüllten und klapperten mit ihren Kochtöpfen. Ein Sicherheitsaufgebot der Polizei hatte das Areal kreisförmig umstellt und musste sich von den Demonstranten derbe Beschimpfungen anhören. Ich fand das unmöglich. Was hatten die Polizisten diesen Leuten getan? Ich überlegte, wie oft mein Vater wohl in so was hineingeraten war. Diese Art von Volkszorn ging mir gegen den Strich. Als sich die aufgebrachten Massen mit Fäusten und Steinen auf das Auto des Premierministers stürzten, während sich Geir Haarde mit angsterfülltem Blick hinter das Steuer duckte, tat er mir richtig leid. Nur Notenbankchef Davíð Oddsson war noch verhasster als er. Auch dort sammelten sich die Demonstranten und versuchten, gewaltsam in das Gebäude einzudringen.

Ich selbst habe nie aktiv an den Protesten teilgenommen. Wenn ich mich gelegentlich unter die Demonstranten mischte, dann weniger, um ein Statement abzugeben, sondern um einfach mit dabei zu sein. Damals herrschte eine ganz spezielle Stimmung, ein ganz spezieller Rhythmus. Bis ich eines Tages mit ansehen musste, wie die wütenden Massen in ein Café einfielen, um den Live-Mitschnitt einer Silvestersendung zu stören. In diesem Moment hatte ich endgültig genug, und meine Haltung zur Kochtopfrevolution nahm eine jähe Wendung. Die anwesenden Journalisten waren alle mehr oder weniger Freunde und Bekannte von mir, Leute, mit denen ich seit zwanzig Jahren zusammenarbeitete. Als ich ihre verschreckten Blicke sah, stiegen Ärger und Zorn in mir hoch. Plötzlich wollte ich einfach nur noch weg, weg aus diesem ganzen Schlamassel. Ich vergrub mich halbe und ganze Tage lang im Internet und versuchte, mir Wissen über die Wirtschafts- und Finanzwelt anzulesen. Aber je mehr ich las, desto weniger blickte ich durch.

In der Werbeagentur hatte ich das komplette Corporate Design für den isländischen Telekommunikationsriesen *Síminn* entworfen. Einer unserer größten Kunden war die *Kaupthing Bank*, für die ich einmal einen Werbespot geschrieben hatte. Damals hatte mich die Agentur sogar nach L. A. geschickt, um mit John Cleese, der für die Hauptrolle vorgesehen war, ein Interview zu machen. John Cleese von *Monty Python* war der Held meiner Kindheit. Ihm gegenüber sitzend wurde mir klar: Auch ich war im Grunde nichts als ein Rädchen im Getriebe dieser riesenhaften Maschinerie. Ich arbeitete für die Werbefritzen, weil die gut zahlten. Ein Werbespot für *Síminn* war teurer als eine komplette Comedy-Serie, die ich drehte. Was, verdammt, war in diesem Land eigentlich los?

WAS MAN BRAUCHT, UM POLITIKER ZU WERDEN

Muss man etwas bis ins Letzte verstehen, um dabei mitmachen zu dürfen? Muss man Wissenschaftler sein, um sich für Wissenschaft zu interessieren? Muss man alles über die Natur wissen, um sie genießen zu dürfen? Eben. Nicht anders verhält es sich mit der Politik. Man muss nicht Politiker sein, um das Recht zu haben, am politischen Leben teilzunehmen. Man braucht keine spezielle Ausbildung dazu und keine speziellen Fähigkeiten. Man muss noch nicht mal gut mit anderen Menschen umgehen können. Jeder von uns hat das Recht, sich politisch einzumischen, allein, weil er oder sie Lust dazu hat. Wenn ich einen Städtetrip nach Rom buche, muss ich auch nicht alles über die Geschichte Italiens oder die Kultur der alten Römer wissen. Ich darf auch einfach nur hinfahren, um das schöne Wetter zu genießen.

Ich werde oft gefragt, ob Politik zu machen und Bürgermeister zu sein nicht furchtbar schwierig sei. Solche Fragen machen deutlich, welches Bild wir von Politik und den Politikern haben – und wie leicht wir damit in einen Teufelskreis geraten: Politik ist schwierig, und deshalb können nur ganz bestimmte Leute Politiker werden. Leute, die schnell denken und schnell reden können, die robust sind und einiges aushalten. So etwas wie Superhelden. Der ideale Politiker hat alles im Griff, ist nie um eine Antwort verlegen und zeigt Weitblick, Entschlossenheit und Knowhow. Egal, wie sehr die Medien auf ihm herumhacken, er lässt sich nie aus der Ruhe bringen, bleibt immer cool. Es gibt nichts, was er nicht weiß oder nicht versteht, er bricht auch nie in Tränen aus und hat niemals Zweifel – aber leider auch kaum noch menschliche Züge. Wodurch sind unsere Politiker so geworden? Wer hat sie so gemacht? Die Antwort lautet: Wir. Wir alle.

Wir haben die Demokratie vernachlässigt, wir haben nicht aufgepasst und wurden in gewisser Weise auch verarscht. Zwischen der Finanzwelt und der Politik verläuft nur eine haarfeine Linie. Auf dem Finanzmarkt gelten Menschen als *Ressource*, also haben die Finanzmogule das politische System einfach aufgekauft. Eine Investition wie jede andere. Zahlungskräftige Geldgeber investieren in Parteien und Politiker.

Experten und Fachleute sind gut und wichtig, sie sollten aber nicht überschätzt werden. *We can't leave the schools to teachers. We can't leave science to scientists, and we can't leave democracy to politicians.* Wir sind so ausschließlich auf Erfolg gepolt, dass wir das Genießen verlernt haben. Was nur verständlich ist. Wir leben in einer extrem erfolgsorientierten Gesellschaft, und selbst unser Gehirn ist auf Erfolg ausgerichtet. Wir wollen Erfolg im Beruf, wir wollen Erfolg für unsere Kinder in der Schule, und wir wollen in den Medien von den Erfolgen unserer Regierung erfahren. Aber Erfolg hat seinen Preis. Der Preis ist die Lebensfreude. Denn den ultimativen Erfolg gibt es nicht.

Es ist immer noch ein bisschen mehr drin. Es geht immer noch höher, schneller, weiter, besser. Erfolg wird leicht zur Sucht. Wie es so schön heißt: Für den Alkoholiker ist ein Glas zu viel und sind hundert zu wenig. Der Mensch ist zum Mond geflogen – gewiss, ein entscheidender Schritt. Doch als er oben war, machte er eine irritierende Entdeckung: dass es dort nämlich überhaupt nichts zu tun gab. Deshalb ist seitdem auch nie wieder jemand auf dem Mond gewesen. Als Nächstes wollen sie ein bemanntes Raumschiff zum Mars schicken, und dagegen ist auch nichts einzuwenden, solange es Spaß macht. Sobald etwas keinen Spaß mehr macht, wird es wertlos, zweckentfremdet und krank.

Lebensfreude ist überhaupt das Allerwichtigste. Der wahre Gewinner eines Fußballspiels ist nicht, wer die meisten Tore geschossen hat. Der wahre Sieger ist, wer am meisten Freude dabei hatte. Geben ist seliger denn Nehmen. Wenn jemand dir ein nagelneues iPhone schenkt, freust du dich natürlich, und die Freude hält vielleicht noch ein paar Tage an. Aber nach einem Monat ist das Handy schon nicht mehr ganz so neu, und spätestens wenn es kaputt geht, ist die Freude dahin. Aber der, der dir das iPhone geschenkt hat, ist vielleicht auf Jahre hinaus glücklich. Weil er zu den *good guys* gehört und etwas gegeben hat. Und ihn das stolz und froh macht.

Dasselbe gilt auch für die aktive Teilnahme an der Demokratie. Es ist höchste Zeit, dass wir uns einmischen, und zwar nicht, weil wir so erfolgsversessen wären – sondern vor allem, weil wir Spaß haben wollen.

Die politische Bühne ist ein hartes Pflaster. Erfolg beruht

hauptsächlich auf Schlagfertigkeit, Charisma und Tricks. Alles muss von jetzt auf gleich passieren. Rauhe Umgangsformen gehören auf der Polit-Bühne schon fast zum guten Ton. Im Fernsehen bekommen wir Tag für Tag die Wortgefechte der Parlamentarier zu sehen, erleben hautnah mit, wie sie sich gegenseitig fertigmachen. Wir sehen, wie ein Politiker, noch während er aus dem Auto steigt, von einer Horde Journalisten belagert und mit Fragen bombardiert wird. Die er dann atemlos beantwortet. Beliebt ist offenbar auch, den Politiker nach einer langen und ermüdenden Sitzung abzufangen und ihn zu einem Interview zu nötigen. Widerstand zwecklos. Unsere Gesellschaft wird immer komplexer, und je mehr das Tempo anzieht, desto weniger geht es in Politik und Medien um die Wahrheit, sondern um die Sensation.

Welcher halbwegs vernünftige junge Mensch ist von den Fernsehnachrichten derart fasziniert, dass er sich denkt: »Hey, super, so was will ich auch machen! Ich geh in die Politik.«? Sicherlich die Allerwenigsten. Schließlich vermitteln die meisten Politiker kein sonderlich sympathisches Bild. Einer, der sich für eine bessere Gesellschaft einsetzt und für seine Bürger nur das Beste will, bleibt eine graue Maus. Kaum aber besteht der geringste Verdacht, er könnte Dreck am Stecken haben, zeigen alle mit dem Finger auf ihn. Und nicht jeder ist dafür gemacht, in einer solchen Welt zu überleben. Das wiederum hat zur Folge, dass man sich unter einem »Berufspolitiker« heute meist einen gelernten, ausgebildeten Experten vorstellt. Obwohl dieser »Beruf« gar keine spezielle Ausbildung erfordert, allenfalls spezielle Eigenschaften. Der Profi-Politiker ist, wie gesagt, ein Blitzdenker mit gesundem Selbstbewusstsein, der auf alles eine Antwort hat. Auch Ansätze von Humor können nicht schaden, solange er ihn einsetzt, um seinen Gegnern eins auszuwischen. In der Politik weht ein scharfer Wind, dem nur wenige standhalten. Hier sind typisch männliche Eigenschaften und Werte gefragt, weshalb es auch nicht verwundert, dass Politikerinnen sich gern etwas maskulin geben.

Wenn wir also die Politik verändern wollen, müssen wir diesen Geist verändern. Um die Demokratie zu retten, muss die Politik ein breiteres Spektrum an Leuten anlocken. Wir brauchen Wissenschaftler. Wir brauchen Künstler. Wir brauchen ganz normale Leute, die langsam denken anstatt schnell. Leute, die zugeben, etwas nicht zu wissen, anstatt so zu tun, als wüssten sie alles, und sich immer geschickt herauswinden, um nicht abgesägt zu werden. Wir brauchen schüchterne Leute. Wir brauchen Übergewichtige, Stotterer und Behinderte. Punks, Bäcker und Handwerker. Und vor allem brauchen wir junge Leute. Wir müssen unsere Politik interessanter, spannender, cooler aufziehen, sodass alle Lust bekommen, sich einzumischen.

Denn im Grunde unterscheiden Politiker sich nicht vom Rest der Bevölkerung. Genau genommen ist ein Politiker auch nichts anderes als ein Bäcker. Es gibt gute Bäcker und weniger gute. Einige sind ganz vorzügliche Bäcker, andere wiederum kriegen überhaupt nichts gebacken. Die große Mehrheit rangiert irgendwo dazwischen. Mittelmäßige Bäcker eben.

Bei Interviews sorge ich immer wieder für Irritation, zum Beispiel, wenn ich unbefangen zugebe, etwas nicht zu wissen. Oder wenn ich meinem Gegenüber jede Frage, die er mir stellt, grundsätzlich im Mund herumdrehe. Manchmal erscheine ich zu offiziellen Anlässen in Drag oder sonst einem schrägen Outfit. Auch das kommt nicht immer gut an, weil es den Verdacht schürt, mir fehlte es an Ernsthaftigkeit. Dabei ist das Gegenteil der Fall. Ich nehme meine Aufgabe sogar extrem ernst und versuche bloß, das Ganze etwas unterhaltsamer aufzuziehen. Das ist meine Art, mich für die Veränderungen einzusetzen, die ich für notwendig halte. Es ist schon vorgekommen, dass sich ein Journalist bei einem Interview über meine Antworten vor Lachen kaum eingekriegt hat. In den Fernsehnachrichten wird so etwas natürlich rausgeschnitten. Nachrichten sind eine todernste Angelegenheit – ein Phänomen übrigens, das sich nicht nur auf die Politik beschränkt. Nachrichtensendungen sind meist nichts als eine Aneinanderreihung von Schrecklichkeiten. Mich erinnert das oft an eine Messe, irgendeine todernste Zeremonie, die immer nach demselben Muster abläuft.

UNSERE ZIELE

EINE ART PARTEIPROGRAMM

Unser Parteiprogramm kombiniert die Highlights aller anderen Parteiprogramme. Dabei greifen wir vor allem Konzepte auf, die sich in den Sozialstaaten Nordeuropas bewährt haben. Das hört sich zunächst mal ziemlich gut an. Sowohl die staatlich gelenkte Planwirtschaft mit ihrer Bevormundung sowie das Laissez-faire und die Marktgläubigkeit des Neoliberalismus sind innerhalb weniger Jahre gescheitert, dagegen scheinen Gesellschaften, die eine aktive Demokratie verwirklichen, ziemlich widerstandsfähig zu sein. In Wohlfahrtsstaaten ist die soziale Gerechtigkeit deutlich besser entwickelt als anderswo, und das bei zugleich äußerst konkurrenzfähigem Arbeitsmarkt. Das ist eine gute Sache. Wir Isländer haben uns über Jahre immer weiter vom Kurs der skandinavischen Wohlfahrtsstaaten entfernt und müssen dafür jetzt bitter bezahlen. Die Wirtschaftskrise hat uns besonders hart erwischt und uns tiefer abstürzen lassen als die meisten unserer Nachbarn. Und leider ist die Stimmung im Land entsprechend mies. Deshalb muss die *Beste Partei* nun erst recht die Ärmel hochkrempeln und zum Leitbild für Wiederaufbau, wirtschaftliche Stabilität, soziale Gerechtigkeit und einen besseren Lebensstandard werden, zum Fackel-

träger, der uns aus dem finsteren Mittelalter befreit und in eine bessere Zukunft führt. Dabei wollen wir Handelsfreiheit sowie eine offene, vom Staat nicht kontrollierte Wirtschaftsordnung beibehalten.
Um ehrlich zu sein: Wir haben gar kein eigenes Parteiprogramm. Aber immerhin tun wir so, als ob wir eines hätten.

Die *Beste Partei* ist eine liberale und grundsolide Partei mit skandinavischem Einschlag. Wir wollen uns mit drängenden, uns alle betreffenden Problemen befassen und durchgreifende gesellschaftliche Reformen auf den Weg bringen, dabei mit dem nötigen Weitblick vorgehen und die soziale Gerechtigkeit nicht aus den Augen verlieren. Wir verteidigen die staatssystematische, wirtschaftliche und kulturelle Selbständigkeit Islands und damit auch seine parlamentarische Demokratie und seine Rechtssicherheit. Die Bürger sind in diesen Zeiten stark verunsichert. Das ist nur verständlich. Für uns steht der Mensch an erster Stelle, und damit meinen wir die Frau ebenso wie den Mann. Frauen sind für uns keine naiven Dummchen, die nur belanglosen Mist von sich geben, sondern ernst zu nehmende Menschen, die etwas zu sagen haben und deren Stimme gehört werden muss. Deshalb wollen wir ein Frauencafé eröffnen, wo die Frauen in allen erdenklichen Kaffeespezialitäten, etwa mit Vanille- oder Zimtaroma, schwelgen und dabei nach Herzenslust quatschen und ablästern können, über wen und was sie wollen – und jedes Wort von ihnen wird mitgeschnitten und sorgfältig archiviert. Und für unsere Omas und Opas werden wir Überraschungsfahrten anbieten.

Wir als transparente, demokratische Reformpartei planen außerdem die Einrichtung einer Ideenbank, eines *Nachhaltigkeitszentrums*, wie wir es nennen werden, das den Bürgern ein Forum bieten soll, um ihre Zukunftsideen zu präsentieren und in einem transparenten Umfeld zur Diskussion zu stellen. Die besten Ideen werden mit einem feierlich verliehenen Sonderpreis ausgezeichnet, was die Nachhaltigkeit zusätzlich unterstützt. (Wie wäre es beispielsweise, wenn man versuchte, die Wale und Fische vor den isländischen Küsten zu dressieren?)

Außerdem setzen wir uns für Umweltschutz ein, wir wollen systematisches Recycling, transparente Nutzung von natürlichen Ressourcen, Elektroautos und weniger Luft- und Umweltverschmutzung, alles auf der Grundlage von Gleichheit und Gleichberechtigung – gemäß den Werten unserer Partei. Wir rauchen nicht und trinken auch keinen Alkohol. Wir werden zu allen Meetings und Versammlungen erscheinen und möglichst immer gute Laune haben – können aber auch nachdenklich sein, Verantwortung übernehmen und Entscheidungen treffen.

Wir wollen eine neue Gesellschaft – die beste Gesellschaft, die es je gab!

Jón Gnarr schrieb das Parteiprogramm zum Start
der Webseite bestiflokkurinn.is im Januar 2010.

DEMOKRATIE

Demokratie ist nicht vollkommen. Sie kann extrem mühsam und zeitraubend sein, aber sie ist bis heute immer noch die gerechteste Gesellschaftsordnung, die der Mensch erfunden hat. Demokratie steht und fällt mit Teilnahme und Einmischung. Demokratisch organisierte Staaten haben es in Krisenzeiten nicht leicht. Als hierzulande der Turbokapitalismus boomte, haben wir unsere Demokratie allzu gedankenlos aufs Spiel gesetzt. Jetzt müssen wir das ausbaden.

Politiker demokratischer Staaten sind ein ziemlich gleichförmiger Haufen; sie organisieren sich gerne in übergreifenden Verbänden, die eine bestimmte Ideologie teilen und durch die sie international vernetzt sind. Zum Beispiel sind die schwedischen Sozialdemokraten ziemlich gute Kumpels der Sozialdemokraten anderer Länder, sie treffen sich zu sozialdemokratischen Parteiversammlungen und internationalen Kongressen. Dasselbe gilt für die Grünen oder die Konservativen.

Indem wir uns nicht einmischen, vernachlässigen wir die Demokratie, und sie entwickelt sich dementsprechend. In gewisser Weise herrscht in der westlichen Welt eine Art politische Inzucht. Echte Newcomer sind äußerst selten, schließlich wird es ihnen nicht leicht gemacht, und so ein

Neueinstieg ist mühsam und somit nicht sonderlich attraktiv. Die wenigen Fälle, in denen es ausnahmsweise doch gelingt, wie die *Piraten* in Berlin oder die *Beste Partei* in Reykjavík, stehen sofort im Scheinwerferlicht der Weltöffentlichkeit. Das ist stressig und gewöhnungsbedürftig.

Wer kennt nicht das Gefühl, das uns kurz vor Wahlen beschleicht, dass man eigentlich überhaupt nicht wählen gehen sollte. Dass sowieso nichts dabei ist, wozu man stehen, womit man sich identifizieren könnte. Und so wählt man eben das kleinste Übel. Das macht die Sache furchtbar kompliziert. Und hinter dem Ganzen, den Politikern, den Parteien und Bewegungen, steht das System, der Apparat, der in unserer Gesellschaft letztlich die Fäden in der Hand hat. Und dort wiederum beruht alles auf Regeln und Gesetzen, aber auch auf Bräuchen und Traditionen, und nicht selten auf den Ansichten oder der Persönlichkeit Einzelner. In vielen Demokratien gibt es neben dem eigentlichen, offiziellen System noch ein zweites Machtgefüge, das parallel dazu blüht und gedeiht – ein System aus Korruption, organisiertem Verbrechen, Vorteilsnahme, Bestechung und Schwarzmarkt.

Alle wollen Freiheit, direkte Demokratie und die Entscheidungsgewalt des Einzelnen. Aber wenn es wirklich drauf ankommt, wollen die Wenigsten von dieser Macht Gebrauch machen. Und warum? Klar – wer selbst entscheidet, muss auch selbst Verantwortung übernehmen. Macht haben ist immer gut und Freiheit sowieso, aber beides ist mit Verantwortung verbunden. Ohne Verantwortung wird die Freiheit zum Chaos und die Macht zur Diktatur. Vielleicht liegt genau da das Problem, das den modernen Demokratien zu schaffen macht. Verantwortung übernehmen? Wer will das schon. Das wird uns ja auch von allen Seiten madig gemacht. Wie oft haben wir erlebt, wie ein Politiker in einem Live-Interview oder einer Talkshow durch den Wolf gedreht wurde. Haben gesehen, wie ihn der kleinste Fehltritt in die Schlagzeilen der Zeitungen beförderte. Wir erwarten, dass ein Politiker unfehlbar und übermenschlich zu sein hat. Und sprechen ihm dadurch die Menschlichkeit ab. Wenn sie sich versprechen, machen wir uns darüber lustig. Wenn sie private Probleme haben, in der Ehe oder mit anderen, wird das gnadenlos ausgeschlachtet.

Veränderung erfordert Mut und Initiative. Graswurzelbewegungen versprechen dabei nur begrenzten Erfolg. Das System schläft nicht und weiß mittlerweile sehr genau, wie man Basisbewegungen im Keim erstickt. Wir kennen alle die Bilder von aufgebrachten Massen, die sich mit Polizisten erbitterte Straßenkämpfe liefern. Solche Aktionen bringen im Allgemeinen überhaupt nichts. Großer Aufwand, kleine Wirkung. So erreicht man allenfalls, dass die Gesellschaft, die Politiker und das System beschließen, noch mehr Überwachungskameras aufzustellen. Noch mehr Polizisten mit noch besserer Ausrüstung und noch mehr Waffen. Der einzige realistische Weg zur Veränderung ist eine direkte Teilnahme an der Demokratie. Direkte Einmischung. Wenn du Politik doof und langweilig findest und die Politiker ebenfalls, dann musst du eben deine eigene Partei gründen. Wenn du die Politik der anderen doof findest, liegt es in deiner Hand, dich einzuklinken und es besser zu machen.

Bist du sauer auf die Politiker und die herrschenden Zustände hier im Land? Würdest du am liebsten einen Blogeintrag schreiben oder eine Demo veranstalten? Warum setzt du deine Zeit und Kreativität dann nicht ein, um dich zu informieren, auf welche Art und Weise du die Demokratie aktiv mitgestalten kannst? Gründe eine Partei!

Wie macht man das? Das ist eigentlich ziemlich einfach – du brauchst etwas Phantasie und etwas Mut, und der Rest findet sich. Aber bevor du anfängst, musst du dir ein paar Grundsätze klarmachen. Um was geht es dir? Was läuft schief? Wo liegt das Problem? Dein Engagement gehört dem Umweltschutz, aber es gibt in deinem Land keine Grüne Partei? Dann gründest du eben eine. Es gibt zwar eine Grüne Partei, aber die arbeitet nicht effektiv genug? Dann wirst du Mitglied und packst mit an. Stell dich aber darauf ein, einiges an Zeit zu investieren, die dir dann anderswo fehlt. Stell dich darauf ein, dass du gewisse Opfer bringen musst. Zeit, die du sonst deiner Familie, deinen Freunden, deinen Hobbys oder deiner Arbeit widmen würdest.

Schon früher hatte ich manchmal davon gefaselt, wie es wäre, eine Partei zu gründen und Kulturminister zu werden. Mir selbst eine Comedy-Show bei den Öffentlich-Rechtlichen zuzuschanzen, dann die Korruption zuzugeben, vom Ministeramt zurückzutreten, aber mit der Fernsehshow weiterzumachen. Auch bei meinen Freunden fing ich davon immer wieder an, bis diese sagten: »Warum machst du's dann nicht einfach, anstatt nur davon zu reden? Warum gründest du nicht einfach eine Partei?« Und genau das tat ich dann auch. Die *Beste Partei*. Die verrückteste, abgefahrenste Partei, die jemals das Licht der Welt erblickte. Ich postete das auf Facebook und gründete einen Blog, in dem ich surrealistische Prosa zu gesellschaftlichen Themen in

Umlauf brachte. Diese Artikel erregten einiges Aufsehen, und so kam es, dass sich die Medien bei mir meldeten und Interviews mit mir wollten.

Ich ging also zum Finanzamt und ließ die *Beste Partei* als gemeinnützigen Verein eintragen. So funktioniert der Antrag auf Gründung einer politischen Partei. Das Ganze dauerte etwa eine Stunde und kostete 5000 Kronen oder rund 30 Euro.

Als die *Beste Partei* gerade das Licht der Welt erblickt hatte, brachten mir die Medien ein gewisses, leicht gönnerhaftes Interesse entgegen. Anfangs muss ich für sie so eine Art *Comic relief* gewesen sein. Diese Phase versuchte ich zu nutzen, um auf mich aufmerksam zu machen, indem ich jedes Mal eine Show abzog, unmögliche Antworten gab oder irgendwelche völlig absurden Statements abließ. Die politischen Zustände im Land waren, soweit ich sehen konnte, komplett aus dem Ruder gelaufen. Ein Skandal jagte den nächsten. Öffentliche Gelder wurden für schlecht geplante, windige Projekte verschleudert. Die Politiker überboten sich darin, die Bürger bei Laune zu halten und versprachen wirtschaftliche Stabilität, Verlässlichkeit und verantwortungsvollen Umgang mit Steuergeldern. Hundertprozentige Transparenz. Inzwischen war das Finanzsystem längst zu einem gigantischen Monster angewachsen, das immer weiter wuchs und sich unaufhaltsam vorwärtsschob.

Ich will gar nicht bestreiten, dass die Aussicht auf eine feste Arbeit mit festem Gehalt – anstatt der ewigen schlecht bezahlten Maloche – bei meinem politischen Engagement keine unwesentliche Rolle gespielt hat. Außerdem hoffte ich, zwei Fliegen mit einer Klappe zu schlagen: Arbeit zu haben, und mich gleichzeitig für eine gute Sache zu engagieren. Und ich war mir sicher, ein schlechterer Bürgermeister als meine Vorgänger würde ich auch nicht sein. Viele nahmen an, damit sei die Comedy bei mir abgehakt. Aber so habe ich das nie gesehen. Ich bin schließlich nach wie vor Komiker. Das bin ich, das ist Teil meiner Persönlichkeit. Ich bin Komiker, so wie jemand anderes schwul ist. Comedy ist weder mein Hobby noch mein Brotberuf – sondern mein Leben.

DER WAHLKAMPF

Ein halbes Jahr vor der Wahl zum Stadtparlament am 29. Mai 2010 wurden die ersten Umfrageergebnisse veröffentlicht. Die *Beste Partei* lag bei null Komma sowieso Prozent. Das öffentlich-rechtliche Fernsehen machte ein Interview mit mir, und ich ließ mir nichts anmerken. Lachte und sagte, das sei schließlich erst der Anfang. Der Anlauf zu einem epochemachenden Wahlsieg. Damals spielte ich am Reykjavíker Stadttheater für einen Hungerlohn den Hofnarren und schrieb daneben an meinem Theaterstück *Hotel Volkswagen*.

Irgendein Politiker hatte auf seinem YouTube-Kanal gähnend langweilige Monologe hochgeladen. Ich schaute mir das eine Weile an, das Ganze war unglaublich aufgesetzt und peinlich, und beschloss, auch so etwas zu machen. Als Kulisse wählte ich ein Theaterplakat, das hinter mir an meinem Schreibtischarbeitsplatz hing – die Ankündigung einer amerikanischen Bühnenkomödie aus den Fünfzigern, und mit der griesgrämigen Miene der Hauptdarstellerin im Hintergrund bekam mein konfuses Wahlkampfgeschwafel geradezu surrealistische Qualitäten.

Etwa um dieselbe Zeit war ich in einer beliebten Talkshow zu Gast. In der Maske traf ich eine Frau, die mich freundlich grüßte. Ich grüßte zurück.

»Wir sehen uns dann im Wahlkampf!«, rief sie mir gut gelaunt zu.

»Ja, das werden wir«, antwortete ich. Als sie gegangen war, fragte ich die Visagistin, mit wem ich es zu tun gehabt hatte. Die Dame hieß Hanna Birna Kristjánsdóttir und war die amtierende Bürgermeisterin von Reykjavík. So wenig Ahnung hatte ich in Sachen isländische Politik.

Unser Wahlkampf spielte sich hauptsächlich auf Facebook, YouTube und Blogspot ab. Ich erschien zu keiner der offiziellen Kandidatenrunden. Erklärte auf meiner Facebook-Seite, dass ich nicht vorhätte, meine Zeit auf öde Ärmelschonerkonferenzen zu verschwenden. Wenn das Fernsehen ein Interview mit mir machte, versuchte ich, den größtmöglichen Unsinn von mir zu geben. Zum Thema Arbeitslosigkeit schlug ich etwa vor, in Reykjavík ein Disneyland zu eröffnen. Das schaffe doch eine Menge neuer Arbeitsplätze, und sicher ließen sich genug Leute finden, die für ein paar Kronen bereit wären, in Disney-Kostüme zu steigen und billigen Krimskrams zu verkaufen. Und die Arbeitslosen könne man mit Spezialangeboten anlocken – Montags freier Eintritt zum Beispiel, inklusive einem persönlichen Foto mit der Micky Maus!

Heiða kümmerte sich um sämtliche praktische und organisatorische Fragen der Parteiarbeit. Ich hatte eine Idee – und sie hatte sie bereits umgesetzt. Auch meine Söhne packten tatkräftig mit an. Wir beschlossen, eine Homepage namens bestiflokkurinn.is zu erstellen und diese zum hässlichsten Webauftritt zu machen, den jemals eine Partei ins Internet gestellt hatte. *Thumbs up,* das internationale Symbol für Freundschaft, Zustimmung und Anerkennung, sollte unser Motto und Markenzeichen werden. Auf dem Logo war der Daumen bewusst einen Tick zu lang geraten, was der Geste etwas leicht Anzügliches gab.

BESTI FLOKKURINN

Wir wählten die hässlichste Typografie und die scheußlichsten Farbkombinationen, die wir finden konnten. Bedienten uns ungeniert auf den Webseiten der anderen Parteien, kopierten Textfragmente aus den jeweiligen Wahlprogrammen und mixten alles, nach guter surrealistischer Manier, zu einem einzigartigen Cocktail, völlig sinnfrei, aber uneingeschränkt positiv. Zu Anfang des Frühjahrs 2010 bezogen wir unser Wahlbüro in der Aðalstræti. Wir ließen Buttons, Sticker und T-Shirts anfertigen, die wir verkauften, und versuchten, externe Sponsoren für die Partei zu gewinnen. Aber Geld geben wollte uns niemand. Und so waren wir mehr oder weniger auf uns allein gestellt.

Als die Wahl näher rückte, kletterten die Umfragewerte der *Besten Partei* unaufhaltsam höher. Es lag auf der Hand, dass es sich größtenteils um Stimmen der Linkswähler handelte: Was dort wegbrach, kam bei uns dazu. Und jetzt wachte auch die linke Intelligenzija auf, und die Meinungsführer aus diesem Lager schrieben sich die Finger wund. Dort wurde mir unter anderem vorgehalten, ich sei früher

Mitglied der *Selbständigkeitspartei* und des Verbandes Isländischer Liberalisten gewesen, und wolle außerdem Haschisch legalisieren. Andere gingen so weit, mich mit Silvio Berlusconi auf eine Stufe zu stellen. Wieder andere gingen noch weiter und verglichen mich mit Hitler. Ich selbst war hauptsächlich amüsiert – denn schließlich verriet das Ganze doch nur, dass die Leute uns mittlerweile als ernsthafte Bedrohung sahen.

Die *Selbständigkeitspartei* schien sich zunächst einmal über unseren Erfolg zu freuen, denn dieser ging ja auf Kosten der Linken. Ansonsten schienen sie nicht weiter beunruhigt und glaubten sowieso nicht daran, dass wir jemals Ernst machen würden. Doch als die Umfragewerte schließlich keinen Zweifel mehr daran ließen, dass die *Beste Partei* auch den Selbständigen Stimmen abzapfte, sah man auch dort nicht mehr untätig zu. Diese Partei kontrolliert die Chefetagen aller wichtigen Medienunternehmen, und von dort tönte es jetzt immer lauter, den Problemen des Landes ließe sich nicht mit albernen Mätzchen beikommen. Darauf antwortete ich mit noch mehr Mätzchen. Jedes Mal, wenn eine andere Partei irgendein Wahlversprechen verkündete, setzten wir uns zusammen und überlegten, wie wir das toppen könnten. Die Links-Grüne Allianz versprach Kindern und Jugendlichen freien Eintritt in die Schwimmbäder – wir konterten mit freiem Eintritt für ALLE – INKLUSIVE kostenlosen Handtüchern!

Im Großen und Ganzen achteten alle Parteien auf politisch korrekten Sprachgebrauch. Sobald von Einwanderern oder Frauengleichstellung die Rede war, kamen alle mit ihren Standardformulierungen, ihren wasserdichten, sorgfältig einstudierten Floskeln. Ich dagegen erlaubte mir zu sagen, die *Beste Partei* werde auch für Weiber und Mädels was tun, und sogar für die Alten und Behinderten. Für die Underdogs eben. Zum Thema Einwanderer erinnerte ich daran, dass der Mann, der den Isländern das Wasserklosett beschert hatte, ebenfalls ein Ausländer gewesen war. Den hatte am Anfang auch keiner ernst genommen – und heute würde wohl niemand mehr auf diese segensreiche Erfindung verzichten wollen. Dann schlug ich vor, eine groß angelegte Kampagne zu starten, um die Zuwanderung von Juden zu fördern – die würden uns bestimmt dabei helfen, die Wirtschaft wieder flottzukriegen. Und außerdem wollte ich unbedingt eine Frau mit ausländischem Nachnamen auf unserer Kandidatenliste haben. Da fiel mir Elsa Yeoman ein, die ich aus meiner Zeit in der Werbeagentur kannte, wo sie für die Verpflegung der Belegschaft gesorgt hatte. Elsa war eine clevere und aufgeschlossene Person und sagte sofort zu. Und nachdem ich auch noch von ihrer jüdischen Abstammung erfuhr, verpasste ich keine Gelegenheit, sie stolz zu präsentieren und ein bisschen mit ihr anzugeben: »Die *Beste Partei* ist nicht nur die erste rauchfreie Partei Skandinaviens, sondern auch die einzige Partei Islands, die ein Judenmädel ganz oben auf der Kandidatenliste hat.«

Damals trugen die Parteien ihre Wahlpropaganda gerne auf den Seiten der Tageszeitungen aus. Sie überboten sich mit ihren ganzseitigen Anzeigen und bedienten dabei sämtliche eingefahrenen Klischees. Die Slogans wurden von Werbeagenturen erdacht und waren in der Regel an irgendwelche Phrasen angelehnt, die sich in Dänemark, in den Staaten oder sonst wo bewährt hatten, irgendein Bla-

bla über Haus, Garten und Familie. Die meisten konnten das Zeug schon nicht mehr hören und hatten die billigen Sprüche längst durchschaut. Die einzige Zeitungsreklame, in die wir jemals investierten, erschien im Kleinanzeigenteil eines schmierigen Käseblatts. Dort hatten wir Folgendes inseriert: »Die *Beste Partei* sucht Männer und Frauen, die etwas verändern wollen.« Wir konnten uns vor Zuschriften kaum retten.

DIE BESTE PARTEI

WIR SIND BESSER ALS ALLE ANDEREN!

1) **Schutz und Unterstützung für die isländischen Privathaushalte**
   Die Familien bilden den Kern unserer Gesellschaft und sind unser höchstes Gut. Der Staat hat die Pflicht, den Ansprüchen und Bedürfnissen der Privathaushalte gerecht zu werden und sich unter allen Umständen für den Schutz der Familien einzusetzen. Denn sie haben nur das Beste verdient.
2) **Vergünstigungen für sozial Schwache**
   Diese Leute brauchen unsere Hilfe und Unterstützung. Deshalb bieten wir ihnen kostenlose Benutzung der Stadtbusse und freien Eintritt in alle Schwimmbäder, denn jeder, egal ob arm oder anderweitig benachteiligt, soll die Möglichkeit haben, sich bequem und sauber geduscht durch unsere Stadt zu bewegen.
3) **Schluss mit Korruption!**
   Wir versprechen, jegliche Art von Korruption zu bekämpfen – indem wir sie öffentlich und vor aller Augen betreiben.

4) **Gleichberechtigung schaffen**
Jeder von uns hat nur das Beste verdient, egal, wer er ist und woher er kommt. Wir werden dafür sorgen, dass jeder das auch bekommt und für jeden Einzelnen unser Bestes tun – denn schließlich spielen wir alle in derselben Mannschaft – der besten!

5) **Mehr Transparenz!**
Wir finden es wichtig, dass Politiker immer mit offenen Karten spielen, damit die Bürger wissen, was Sache ist. Und wir versprechen, das in unserer Partei auch konkret umzusetzen.

6) **Aktive Demokratie**
Demokratie ist super, und aktive Demokratie noch viel besser. Deshalb setzen wir uns dafür ein.

7) **Schuldenerlass für alle!**
In diesem Punkt werden wir einfach das Volk entscheiden lassen – denn die Leute wissen selbst immer am besten, was für sie gut ist.

8) **Stadtbusse: Schüler, Studenten und Benachteiligte fahren umsonst!**
Wir können mehr Kostenbefreiungen versprechen als jede andere Partei – weil wir erst gar nicht versuchen werden, uns daran zu halten! Deswegen könnten wir alles Mögliche versprechen, egal was, von kostenlosen Flugtickets für Frauen bis zu kostenlosen Autos für die Landbevölkerung.

9) **Kostenfreie Zahnarztbehandlungen für Kinder und Benachteiligte**
Das ist ein Service, der bisher noch fehlt – also versprechen wir das gleich mit.

10) **Freier Eintritt ins Schwimmbad für alle, kostenlose Handtücher inklusive!**
Diesem Angebot kann wohl niemand widerstehen – ein Wahlversprechen, auf das wir ganz besonders stolz sind.

11) **Banken-Crash: Jetzt werden die Verantwortlichen zur Kasse gebeten.**
Wir finden, das gehört auch dazu.

12) **Absolute Gleichstellung der Geschlechter**
Wir versprechen absolute Gleichstellung, denn das ist für alle das Beste.

13) **Wir nehmen auch Frauen und alte Leute ernst.**
Frauen und alten Leuten wird nämlich viel zu selten wirklich zugehört. Man scheint sich einig zu sein, dass diese Leute sowieso nichts Wesentliches zu sagen haben. Das werden wir ändern.

Der Text von Jón Gnarr und anderen Parteimitgliedern entstand im April 2010.

JOKE!

Vier Wochen vor der Wahl ließen die Umfrageergebnisse keinen Zweifel mehr zu: Die *Beste Partei* war in Reykjavík mittlerweile stärkste politische Kraft. Nach jeder neuen Umfrage setzten wir uns zusammen und hielten Kriegsrat. Spätestens jetzt mussten wir uns im Wahlkampf irgendwie präsent zeigen. Auch unsere Albernheiten würden wir herunterfahren und ab und zu etwas Vernünftiges von uns geben müssen. Also war ich ab jetzt bei Interviews die Ernsthaftigkeit und Besonnenheit in Person. Beim Besuch der Kandidatenrunden wechselten wir uns ab. Wir hatten schnell begriffen, dass man auf solchen Veranstaltungen nicht unbedingt die unentschiedenen Wähler vor sich hatte, sondern eher die Mitglieder und Anhänger der jeweiligen Parteien. Die Cheerleader sozusagen. Dabei sahen sie aus wie ganz normale Leute, die gekommen waren, weil sie sich brennend für diese Angelegenheiten interessierten. Wenn doch mal ein Ottonormalbürger hereinschneite, war es garantiert irgendein komischer Kauz oder Querulant. Es war Theater pur.

Außerdem lud man uns zu Vereinssitzungen und Versammlungen großer Unternehmen ein, um dort den Bürgern Rede und Antwort zu stehen. Ich beantwortete alles aufrichtig und gewissenhaft, nutzte die Gelegenheit aber zugleich, um zwischendurch auch mal in die lockere Tonart zu wechseln.

Meine Botschaft war ungefähr die: Ich mache das hier, weil ich Lust dazu habe. Weil uns das hier Spaß macht. Aber wenn ihr uns wählt, dann werden wir das sehr ernst nehmen und die Sache durchziehen. Wenn ihr das nicht wollt, dann wählt eben wieder die vom letzten Mal, und ich suche mir einen anderen Job. *No hard feelings!*

Als sich abzeichnete, dass die *Beste Partei* auf direktem Weg war, sich zu einer ernst zu nehmenden politischen Größe zu entwickeln, musste ich auf einmal ständig Interviews geben und mich zu langweiligen und komplizierten Themen wie dem Reykjavíker Inlandsflughafen, den Kindergärten oder diversen Finanzangelegenheiten äußern. Schließlich habe der Wähler ein Recht darauf zu erfahren, was die *Beste Partei* denn nun konkret für Senioren, Kinder oder diese und jene Interessengruppe zu tun gedenke. Mir erschien das eher wie ein schlecht getarnter Versuch, uns durch größtmögliche Langeweile einzulullen. Ich schlug mich wacker, doch jede Antwort warf wieder zwei neue, noch kompliziertere Fragen auf. Zuletzt zog ich die Notbremse und erklärte, hierzu bis auf Weiteres in den isländischen Medien keinen Kommentar mehr abzugeben. Nachdem nun die wahren Hintergründe der Finanzkrise ans Licht gekommen seien, dieser ganze Sumpf aus Korruption, Vorteilsnahme und Geldschiebereien, in dem sie alle, Parteien, Wirtschaft und Medien gleichermaßen, drinhingen, hätte ich beschlossen, ab jetzt nur noch ausländischen Journalisten zur Verfügung zu stehen.

Man muss sich eben was einfallen lassen.

In diesen Wochen waren wir den ganzen Tag auf Achse, von hier nach dort und zurück. Überall wurde pausenlos geredet, ich erschien oft völlig unvorbereitet zu irgendwelchen Meetings und hatte keine Ahnung, um was es eigentlich ging. In der übrigen Zeit hingen wir in unserem Wahlkampfbüro herum, tranken Kaffee und diskutierten. Ab und zu kam meine Frau Jóga mit einem Vorschlag, mich doch mal mit diesem oder jenem zu treffen. Zum Beispiel brauchten wir in unseren Reihen noch jemanden mit juristischem Sachverstand. Jóga schlug Haraldur Flosi Tryggvason vor, über den ich nichts wusste, außer dass er früher mal bei den *Jupiters* Saxophon gespielt hatte. Und jetzt wusste ich, dass er außerdem Jurist war. Also traf ich mich mit ihm und seiner Frau bei einer Tasse Kaffee und erwähnte, dass wir noch einen Juristen suchten. Zuerst war er skeptisch, aber seine Frau redete mit Engelszungen auf ihn ein und beschwor ihn, das Angebot anzunehmen. Er ging in sich, beratschlagte sich noch mit seinem Vater und sagte schließlich zu. Nach der Wahl wurde Haraldur Flosi Vorsitzender des Energiekonzerns *Orkuveita Reykjavíkur* und sollte nach der Krise bei der finanziellen Sanierung des Unternehmens eine Schlüsselrolle übernehmen.

Als besonders schwierig erwies es sich, Frauen für die *Beste Partei* zu gewinnen. Frauen sind längst nicht so entschlussfreudig wie Männer. Ich mailte einen Großteil meiner Freundinnen an und ermunterte sie, bei uns einzutreten, aber die meisten blieben skeptisch. Und die, die sich schließlich doch dazu entschieden mitzumachen, hielten sich, anstatt an vorderster Front mit anzupacken, meist dezent im Hintergrund. Ich hätte liebend gern einen größeren Frauenanteil bei uns gesehen. Die Politik war schon immer eine reine Männerwelt, sie wirkt auf Frauen daher oft abschreckend und fremd. Eine Frau zum Eintritt in die *Beste Partei* überreden zu wollen ist wahrscheinlich so, als wolltest du eine Frau dazu bringen, mit den Jungs im Fußballstadion zu randalieren. Schwierig bis fast unmöglich.

Die letzten Tage vor der Wahl vergingen in totaler Trance. Ich schlief höchstens zwei, drei Stunden pro Nacht. Wir hielten endlose Sitzungen ab. In der übrigen Zeit hing ich im Internet, und wenn ich dabei vor dem Rechner einnickte, schreckte ich sofort wieder hoch, weil ich gerade geträumt hatte, ich müsste dringend meinen Facebook-Status updaten. Dazwischen erfassten mich abwechselnd abgrundtiefe Resignation und nackte Panik.

Nach und nach hatten die ranghöchsten Vertreter des Reykjavíker Stadtparlaments bei uns angeklopft und wollten Gespräche mit mir und meinen Parteifreunden. Alles gebildete und erfahrene Politiker, die seit Jahr und Tag im Rathaus saßen, einige von ihnen seit über zwanzig Jahren. Ich hatte keine Ahnung, was das für Leute waren und was sie genau machten. Sie wollten mit uns ein paar stadtpolitische Fragen ansprechen, irgendwas zu Haushalt und Finanzen, Schulen und Kindergärten. In Wirklichkeit wollten sie mich natürlich abklopfen, wollten sondieren, womit sie zu rechnen hätten, falls ich tatsächlich auf dem Bürgermeistersessel landen sollte. Ich versprach, ihnen in diesem Fall Vertrauen und Respekt entgegenzubringen. Ich würde ihr Knowhow und ihre Berufserfahrung zu schätzen wissen und erwarten, dasselbe zurückzubekommen.

In diesem Moment ging mir auf, auf was für eine verdammt komplexe Angelegenheit ich mich da eingelassen hatte und wie erschreckend wenig ich von diesem Job verstand. Dabei hatte ich das Ganze ja aus purem Spaß angefangen. Ich wollte ein paar Faxen machen und ein paar coole Leute kennenlernen. Aber was ich hier in Gang gesetzt hatte, war definitiv ein paar Nummern zu groß für mich und wuchs mir schon jetzt über den Kopf. Ich verschanzte mich hinter meinem handgestrickten Anarcho-Surrealismus, erschien völlig unvorbereitet und in schrillen Outfits zu Fernsehinterviews und redete konfuses Zeug daher. Was würde ich zum Schutz von Kindern und Jugendlichen unternehmen? Welche Schwerpunkte gedachte ich in der Kulturpolitik zu setzen? Würde es darauf hinauslaufen, dass Kindergärten und Grundschulen zusammengelegt oder sogar geschlossen würden? Würden die Kita-Gebühren angehoben? Alles Fragen, über die ich mir, wenn ich ehrlich war, noch nie Gedanken gemacht hatte.

Und dann kam, was kommen musste: Bei einem großen Live-Interview im Fernsehen ließ man mich systematisch auflaufen. Der Moderator veranstaltete ein regelrechtes Kreuzverhör und zerlegte mich nach Strich und Faden, während ich spürte, wie meine Coolness allmählich gegen Null ging. So saß ich meinem Gegner sozusagen völlig nackt und wehrlos gegenüber. Ich lief rot an, schwitzte und stotterte, und dann hörte ich eine innere Stimme, die mir zuflüsterte: *Jón, was machst du hier eigentlich? Auf was, verdammt noch mal, hast du dich da eingelassen? Was hast du da bloß in Gang gesetzt? Sieh zu, dass du dich da so schnell wie möglich wieder rauslavierst. Andernfalls gibt das ein Riesendebakel, für dich, deine Familie und dein ganzes Leben. Oder hast du vor, die nächsten vier Jahre in dämlichen Talkrunden rumzuhocken und dir vorhalten zu lassen, was für ein elender Versager du bist?*

Nach dem Interview war ich völlig am Boden. Ich fühlte mich wie vergewaltigt. Es rauschte in meinen Ohren, vor meinen Augen drehte sich alles, und meine Gedanken und Gefühle spielten verrückt. Schließlich zog ich meine Frau ins Vertrauen und erzählte ihr, ich sei kurz davor, das Ganze hinzuschmeißen. Sie erklärte, wie immer ich mich entscheiden würde, könne ich auf sie zählen. Mach einfach das, was für *dich* richtig ist, sagte sie. Das war der Punkt des *make or break*. Meine Nacht von Gethsemane.

Ich hatte genau zwei Möglichkeiten. Ich konnte mich ausklinken aus dieser Bewegung, die ich selbst ins Rollen gebracht hatte. Andererseits – hatte ich nicht auch eine Verantwortung gegenüber all denen, die ich mit hineingezogen hatte? Ich bat meine Parteifreunde Heiða und Óttarr zu einer ausgedehnten Krisensitzung. Diese beiden hatten genau den Durchblick, der mir abhandengekommen war. Heiða sah immer alles glasklar. Du hast es geschafft, erklärte sie mir, in der Politik etwas auf die Beine zu stellen, was schon viele versucht haben, aber was bisher noch keinem gelungen ist. Die *Beste Partei* funktioniert, und sie wird die Politik verändern – nicht nur hier in Island.

Das war natürlich ein tröstlicher Gedanke, aber auch irgendwie unheimlich. Hatte ich wirklich Lust, mich die nächsten vier Jahre ausschließlich mit praktischen Angelegenheiten zu befassen und mein ganzes bisheriges Leben in die Schublade zu packen? Hatte ich wirklich Lust, meine

Zeit in Sitzungen über Kitas, öffentlichen Nahverkehr, Jugendschutz und Haushaltspläne zu verbringen? Hatte ich Lust, mich für den Bau des neuen Landeskrankenhauses in Reykjavík starkzumachen? Oder mich Monate lang in Betrieb und Verwaltung des Inlandflughafens einzuarbeiten? Was da auf mich zukam, waren fast ausschließlich praktische Dinge. Und genau das ist nun mal überhaupt nicht meine Sache! Ich denke kreativ. Meine Gedankengänge sind verschlungen, sprunghaft und ungesteuert. Vier Jahre als Bürgermeister von Reykjavík, das wäre für mich so etwas wie vier Jahre im Knast. So, als würde man mich aus meinem bisherigen Leben rausschneiden und ganz woanders wieder reinkleben.

Für den nächsten Tag war in der Universität Reykjavík eine große Wahlveranstaltung angesetzt. Abends schickte Jóga mich in die Badewanne. Ich legte mich also ins heiße Wasser und ging in mich. Ich hatte es in der Hand. Natürlich wollten alle, dass ich weitermachte, dass ich die Sache durchzog, aber sicher hätte jeder Verständnis, wenn ich jetzt noch alles hinschmeißen würde. Ich dachte an die unzähligen Leute, die mich tatsächlich wählen wollten. Sollte ich die alle vor den Kopf stoßen? Einfach kneifen, alles abblasen, kurz vor dem großen Finale?

Und in diesem Moment fiel, dort im heißen Badewasser, die Entscheidung.

Ich lasse es darauf ankommen.

Ich mach's.

Ich teilte Jóga die Entscheidung mit. Dann meldete ich mich bei Einar Örn und sagte, ich hätte mich entschieden. Ich würde die Kandidatur der *Besten Partei* zurückziehen, und das auf der Wahlveranstaltung auch so bekanntgeben. Ich hätte den Überblick verloren und traute mir diesen Job nicht zu. Einar zeigte sich verständnisvoll und schien meine Entscheidung zu respektieren.

»Joke!«, erklärte ich. »Morgen sage ich allen, dass ich bloß einen kleinen Durchhänger hatte, mich aber jetzt wie neu geboren fühle. Wie *Felix aus der Asche*!«

»Spätestens jetzt werden dich alle für einen kompletten Volltrottel halten!«

In dieser Nacht schlief ich ausgezeichnet – wie jemand, der weiß, dass er die richtige Entscheidung getroffen hat. Am nächsten Tag erzählte ich keinem etwas davon. Niemand war eingeweiht, nicht einmal Heiða. Ich gab mich – ganz gegen meine Gewohnheit – ernst und bekümmert. Die Vertreter der anderen Parteien hielten ihre Wahlreden. Dann war ich an der Reihe. »Anfangs hielt ich die Idee für ziemlich genial«, fing ich an. »Aber dann wurde die Sache immer unübersichtlicher, und jetzt ist uns das Ganze irgendwie außer Kontrolle geraten. Ich bin kein Politiker. Ich bin Comedian, und die Politik ist nun mal nicht mein Metier. Deshalb gebe ich hiermit bekannt, dass die *Beste Partei* beschlossen hat, ihre Kandidatur für die bevorstehende Stadtparlamentswahl zurückzuziehen.«

Es wurde still. Auf den Gesichtern der Studenten breitete sich Enttäuschung aus. Die anderen Kandidaten tauschten vielsagende Blicke und konnten ihre Genugtuung nur schlecht verbergen.

»JOKE!«

Daraufhin brach Gelächter los.

Ich erklärte in mehreren Interviews, es sei höchste Zeit,

dass die Künstler in Reykjavík das Ruder übernähmen. Die Wenigsten waren der Meinung, dass Künstler in der Politik überhaupt etwas zu suchen hätten. Dem hielt ich entgegen, Island sei schließlich auf der ganzen Welt für seine Kunst bekannt. Gerade unsere Schriftsteller und Künstler seien doch diejenigen, die uns im Ausland Ruhm und Ansehen verschafften. Und deshalb sei es höchste Zeit, den isländischen Kreativen endlich die Anerkennung zukommen zu lassen, die sie verdienten.

NACH DER WAHL

Das Ergebnis war eindeutig. Die *Beste Partei* errang bei den Stadtparlamentswahlen 2010 einen Stimmenanteil von 34,7 %. Die Selbständigkeitspartei, die alt eingesessene Rechte, kam auf 33,6 %, die sozialdemokratische *Samfylkingin* auf 19,1 % und die Links-grüne Allianz auf 7,1 %. Der Rest war an der Fünfprozenthürde gescheitert.

Mir brach der Schweiß aus.

Später an diesem Abend, auf der Wahlparty, hockten wir uns um einen Küchentisch und beratschlagten. Die Luft knisterte vor Anspannung, und wir kicherten nervös. Was hatten die anderen Parteien jetzt vor? Würden sich die Sozialdemokraten mit den Selbständigen zusammentun, um eine regierungsfähige Mehrheit zu bilden (und darüber hinwegsehen, dass diese Partei schon 2008 am Ruder war und somit die Krise mitverantwortet hatte)? Wäre ihre gemeinsame Abneigung gegen uns als Basis für politische Kooperation ausreichend? Was für eine Partei waren wir überhaupt? Mit wem würden wir zusammenarbeiten wollen? Mit den Rechten schon mal nicht, da waren wir uns einig. Von allen Parteien waren die ganz besonders marode. Aber was uns noch mehr ärgerte, war, dass sie offenbar keinerlei Respekt vor uns hatten. Wann immer wir mit ihnen zu tun bekamen, ließen sie uns ihre Verachtung und

Herablassung spüren. Ich dachte kurzzeitig darüber nach, wie es wäre, dennoch mit ihnen zu koalieren. »Diese Parteivorsitzende, Hanna Birna, ist ja anscheinend ganz in Ordnung, oder?«, tastete ich mich vor. »Was findet ihr?«

»Naja, direkt *evil* ist sie nicht, aber extrem oberflächlich«, sagte jemand. »Du kennst doch das Interview, in dem sie uns erklärt, warum die Mehrheit für ihre Partei gefallen ist?«

Nein, kannte ich nicht.

»Da sagt sie, so in etwa, ›Wirklich schade, dabei wäre es doch so einfach gewesen, einen Konsens zu finden‹. Soll natürlich heißen: Wenn alle anderen das gemacht hätten, was *sie* wollte. Und ich bezweifle auch stark, dass Hanna Birna dir jemals freiwillig das Bürgermeisteramt abtreten würde. Das kannst du vergessen.«

»Aber bleibt mir denn überhaupt was anderes übrig – als Bürgermeister zu werden, meine ich? Ist das nicht das, was die Leute wollen?«

»Doch, das ist genau das, was die Leute wollen. Die Leute haben uns gewählt, weil sie wollen, dass Jón Gnarr Bürgermeister wird.«

»Die Selbständigen fallen also von vornherein aus?«

Heiða nickte. »Die halten dich für einen Vollidioten. Und mit Leuten, die auf uns herabschauen, arbeiten wir nicht zusammen.«

»Herabschauen?«

»Ja. Du weißt doch, wie sie dich parteiintern nennen, oder?«

Darüber hatte ich mir noch keine Gedanken gemacht.

»Sie nennen dich den Clown.«

»Aha. Und was ist mit den Sozialdemokraten? Diesem Dagur Eggertsson? Aus dem werde ich auch nicht ganz schlau. Aber ich kenn ihn auch nicht. Ist der okay?«

Óttarr kannte Dagur etwas näher. »Dagur ist ein super Typ«, sagte er.

»Aber ist er nicht auch ein bisschen … naja … seltsam?«, hakte ich nach. »Für mich war er immer einer von diesen Politikern, bei denen ich nie kapiere, worum es eigentlich geht. Redet ohne Punkt und Komma, als wollte er einen Weltrekord aufstellen, und ich verstehe nur Bahnhof. Bloß Zuhören kann er nicht.«

»Dagur hat eben seine Stärken und Schwächen«, sagte jemand. »Aber insgesamt haben die Sozialdemokraten eine Menge fähiger Leute. Natürlich gibt's da Querverbindungen zu den Links-Intellektuellen. Über das, was aus dieser Ecke über dich geschrieben wird, haben die Sozis sicher vorher auf ihrer Parteiversammlung abgestimmt.«

»Aber im Großen und Ganzen respektieren sie uns, ich meine, mehr als die anderen jedenfalls.«

»Doch, ja«, sagte jemand. »Aber nur, weil sie Angst vor uns haben. Wir zapfen ihnen die meisten Wählerstimmen ab. Sie zittern sozusagen vor Respekt.«

Allgemeines Gelächter.

»Zumindest scheinen sie nicht ganz so aufgeblasen zu sein wie der Rest«, sagte jemand. »Immerhin haben sie schon versucht, mit uns Kontakt aufzunehmen.«

»Und mit mir als Bürgermeister könnten die sich unter Umständen arrangieren?«, fragte ich.

»Das müssen wir noch rausfinden.«

»Okay, und wie macht man so was? Soll ich vielleicht

Dagur anrufen? Heiða, du als unsere Politikexpertin kennst dich da doch aus.«

»Nein«, antwortete Heiða. »Ganz cool bleiben. Jetzt gibt es erst mal das große Rätselraten, wer mit wem und so – und die Medien werden garantiert kräftig mitmischen.«

»Das ist natürlich eine surrealistische Situation«, gab Björn zu bedenken. »So was hat es noch nie gegeben. Nicht hier in Island und soweit ich weiß auch nirgendwo sonst auf der Welt.«

»Logisch«, sagte ich. »Bisher gab es ja auch noch keine *Beste Partei*. Höchstens eine Annehmbarste Partei oder eine Geht-gerade-so-Partei.«

Gelächter.

»Okay. Wie gehen wir also vor?«, wollte ich wissen.

»Du hältst dich im Hintergrund und äußerst dich zu überhaupt nichts. Gibst keinerlei Statements ab, nicht, wenn irgendwelche Presseleute bei dir anrufen, und auch nicht auf Facebook.«

»Aber ich könnte doch posten, dass ich mich in den isländischen Medien *nicht* äußern werde, weil sie alle bloß willige Handlanger dieser ganzen Polit-Clique sind?«

Heiða und Björn schüttelten die Köpfe. »Nein, bloß nicht. Wir sollten die anderen keinesfalls mehr als nötig gegen uns aufbringen. Die sind eh schon alle gegen uns, da brauchen wir sie nicht noch zu provozieren. Du gibst einfach keine Antwort.«

Dann beschlossen wir, dass Óttarr und Sjón die Partei in den Koalitionsverhandlungen vertreten sollten.

»Und wenn die Selbständigen mit den Sozialdemokraten zusammengehen?«, warf ich ein. »Schließlich ist das hier so eine Art politischer Notstand. Und wir kennen doch diesen Verein. Wenn's drauf ankommt, werden die sich zusammenraufen und sich irgendwie rauswinden.«

»Das werden sie nicht riskieren«, warf Sjón ein. »Wenn sie so was machen, dann geht's hier nämlich erst so richtig rund. Dann werden die Leute über kurz oder lang im Rathaus einfallen.«

An den folgenden Tagen standen die Sondierungsgespräche auf dem Programm. Heiða, Björn, Óttarr und Sjón trafen sich nacheinander mit den Vertretern der anderen Parteien. Ansonsten hockten wir bei einem von uns zu Hause, tranken Kaffee und fachsimpelten. Die Linken konnten sich eine Koalition mit uns offenbar vorstellen, und die Selbständigen hatten auch schon angeklopft und taten auf einmal so, als hielten sie uns für eine wahnsinnig clevere und aufgeweckte Truppe. Wir fanden das unglaublich komisch.

»Sjón und Óttarr hatten heute ein Gespräch mit Dagur«, gab Heiða bekannt.

»Hat er *The Wire* gesehen?«, fragte ich.

»Wir haben das kurz angesprochen«, sagte Óttarr. »Nein, er hat die Serie nie gesehen. Und er wollte wissen, ob wir das allen Ernstes zur Bedingung für eine Zusammenarbeit machen.«

»*The Wire* muss er kennen!«, beharrte ich. »Über was soll ich denn sonst mit ihm reden – über Sozialismus vielleicht?«

Allmählich nahm die Sache Gestalt an. Die erste Sitzung mit den Sozialdemokraten fand in einem alten Werksgebäude unten am Hafen statt. Für *Samfylkingin* standen arbeits- und schulpolitische Fragen an erster Stelle. Wir dagegen wollten Reykjavík vor allem menschlicher, einladender und moderner machen. Ich will nämlich, dass Reykjavík die hippste, coolste Stadt der Welt wird, und außerdem müssen mehr Bäume her. In Bezug auf Bürgerwohl und soziale Sicherheit waren wir weitgehend auf einer Linie. Wir wollten uns für einen sozialen Mindeststandard einsetzen, eine gesetzliche Grundsicherung für Obdachlose und sozial Schwache. Überhaupt ist es höchste Zeit, sich mehr um die Außenseiter und Benachteiligten zu kümmern. Für die Underdogs am unteren Ende der sozialen Leiter wird immer noch viel zu wenig getan. Ich war mein Leben lang selbst einer von denen.

In den Medien wurde eifrig spekuliert, wie es jetzt weitergehen würde. Aber wir bewahrten Stillschweigen. In den Talkrunden gaben die Polit-Experten ihre Analysen zum Besten, erklärten den Wahlsieg der *Besten Partei* zu einem grotesken Irrtum, und als Bürgermeister hätte ich sowieso keine Chance. Als das Ergebnis der Verhandlungen endlich feststand, traf ich Dagur zum ersten Mal persönlich. Mir war klar, dass er ein großes Risiko einging, wenn er mit der *Besten Partei* koalierte. Für manche seiner Parteifreunde grenzte das an politischen Selbstmord. Deshalb beschloss ich, in diesem Gespräch ganz besonders auf Aufrichtigkeit und Transparenz zu achten. Ich hatte nicht vor, ihn irgendwie zum Narren zu halten oder sonst wie bloßzustellen, sondern legte einfach die Karten auf den Tisch.

»Ich will diesen Job wirklich gut machen, will etwas erreichen, was der Stadt und ihren Bewohnern zugutekommt. Du kannst mir glauben, dass uns durchaus klar ist, was hier auf uns zukommt. Aber ich werde garantiert nicht mittendrin alles hinschmeißen und einfach aussteigen. Weil ich nämlich glaube, dass wir zusammen ein paar ziemlich coole Sachen auf die Beine stellen können. Trotzdem hätte ich gern, dass du dich mit *The Wire* auskennst.«

»Kein Problem«, sagte Dagur. »Wo finde ich diese Serie?«

»Ich nehme an, die gibt es inzwischen auf DVD. Oder auf iTunes. Ach ja, und ich werde Bürgermeister. Das ist doch okay für dich?«

»Klar.«

Dann wurde eine Pressekonferenz angesetzt, um bekanntzugeben, dass die Regierungsbildung im Stadtparlament abgeschlossen war. Nur, wo sollte diese Pressekonferenz stattfinden? Die Regierung hielt ihre Pressemeetings gewöhnlich im Nordischen Haus ab. Dagur schlug vor, das Meeting doch ins Breiðholt zu verlegen, dieses dicht besiedelte, von Einwanderern und Niedrigverdienern bewohnte Problemviertel Reykjavíks. Ich fand das ziemlich cool. Die Breiðholt-Koalition.

»Mein Bruder wohnt da, und zwar im größten Wohnblock im gesamten Viertel«, sagte ich. »Wenn ich mich nicht irre, ist er da sogar Hausmeister. Wie wäre es, wenn wir das Meeting bei ihm auf dem Dach abhalten?«

Ich rief meinen Bruder an.

»Hallo. Dürfen wir bei dir auf dem Dach eine Pressekonferenz veranstalten?«

»Klar. Dürfte kein Problem sein«.

»Brauchen wir irgendeine Genehmigung oder so was?«

»Keine Ahnung.«

»Bist du nicht der Hausmeister im Block?«

Er lachte. Nein, er war nicht der Hausmeister. Aber er

hatte einen Schlüssel zum Dachboden, und deshalb ginge das in Ordnung.

Auf der Pressekonferenz gaben wir unsere Verhandlungsergebnisse bekannt. Ich würde Bürgermeister von Reykjavík und Heiða meine engste Mitarbeiterin und politische Beraterin.

»Und wie willst du das Bürgermeisteramt angehen?«, wollten die Journalisten wissen.

»Ich werde versuchen, meinen Kram ordentlich auf die Reihe zu kriegen und ansonsten einfach *nice* zu sein.«

»Traust du dir den Job überhaupt zu?«

»Bürgermeister zu sein? Ja, das traue ich mir zu. Das kann ja nicht so schwer sein. Ist das nicht ein ziemlich lockerer Job, bei dem man die meiste Zeit bequem am Schreibtisch hockt? Ich habe im Lauf der Zeit alle möglichen miesen Drecksjobs gemacht. Ich bin nicht gerade verwöhnt. Ich war Taxifahrer in Reykjavík und fand mich nicht mal in der Innenstadt zurecht. Kannte keinen einzigen Straßennamen. Aber ich habe mich durchgebissen. Über dem Stadtplan gebrütet und alles auswendig gelernt, und irgendwann war ich ein richtig guter Taxifahrer. Und dazu immer höflich. Ich habe den Ladys die Autotür aufgehalten, und kein Fahrgast hat sich je über mich beklagt.«

»Was wirst du als Erstes in Angriff nehmen?«

»Dafür sorgen, dass Reykjavík hip und cool wird.«

»Und was ist hip und cool?«

»Ähh ... ungefähr das Gegenteil von doof und spießig.«

»Und die Forderung nach einem Eisbären für den Zoo?«

»Zuerst müssen wir bei der Regierung durchsetzen, dass keine Eisbären mehr abgeknallt werden.«

UNSER MORALKODEX

Die hier folgenden »moralischen Verhaltensregeln« gelten für die Stadtverordneten und Mitarbeiter der *Besten Partei* sowie für alle, die uns in Ausschüssen und Gremien vertreten. Außerdem für Personen, die die Partei öffentlich repräsentieren, sei es in den Medien, im Internet oder mithilfe anderer vergleichbarer Technologien, auch solchen, die erst noch erfunden werden müssen. Mit seiner Unterschrift erkennt das Parteimitglied diese Regeln an und ist ihnen verpflichtet. Jeder Regelverstoß hat strafrechtliche Konsequenzen und wird zur Anzeige gebracht. Nur so lässt sich die gewissenhafte Einhaltung der Regeln erreichen. Wer unter dem Verdacht eines Regelverstoßes steht, hat sein Amt vorübergehend niederzulegen, während die zuständigen Verantwortlichen die Sache untersuchen. Sollte sich der Verdacht bestätigen, wird der oder die Betreffende umgehend von der Parteimitgliedschaft ausgeschlossen und hat den Parteiausweis abzugeben sowie sämtliche Artikel, die das Logo der *Besten Partei* tragen wie etwa Shirts, Buttons und Kugelschreiber. Außerdem werden alle betreffenden Informationen, Fotos oder Textmaterialien aus dem Archiv der *Besten Partei* gelöscht. Zuletzt hat das ausgeschlossene Mitglied persönliche Abbitte zu leisten, indem es die Parteifreunde schriftlich um Verzeihung bittet,

Reue zeigt und den Wunsch nach Wiedergutmachung äußert. Zudem sollte dort das Bedauern zum Ausdruck kommen, unserer Partei und ihrem Image Schaden zugefügt zu haben, sowie die Hoffnung, der Wähler möge nicht die Partei im Ganzen verurteilen, sondern den Verstoß als Fehltritt eines Einzelnen erkennen. Schließlich ist das Dokument mit einigen warmen Worten über die Partei und ihre wunderbaren Mitglieder abzurunden und sodann an gut auffindbarer Stelle in den wichtigsten analogen und digitalen Medien zu veröffentlichen.

Die Regeln im Einzelnen:
1.) Unabhängigkeit. Wir sind selbständig und unabhängig und nehmen keinerlei Sponsorengelder weder von zahlungskräftigen Einzelpersonen noch von großen Unternehmen an. Sollte sich jemand mit dieser Absicht an uns wenden und uns finanzielle Unterstützung anbieten, lautet unsere Antwort in jedem Fall: *Annahme von Sponsoring durch kommerzielle Unternehmen verstößt gegen Punkt 1 in unserem Moralkodex!* Es ist allerdings nicht ausgeschlossen, dass wir diesen Punkt bei Bedarf für ungültig erklären oder ihn zumindest neu überdenken und seinen Wortlaut ändern werden.

2.) Aufrichtigkeit. Wir lehnen es ausdrücklich ab, die Unwahrheit zu sagen. Sollte uns das dennoch einmal unterlaufen, geben wir es ohne Umschweife zu. Wenn man uns bei einer Lüge ertappt, bitten wir um Verzeihung und versprechen, es nie mehr wieder zu tun.

3.) Körperpflege. Wir sind immer frisch gewaschen und korrekt gekleidet. Wenn wir duschen oder baden, richten wir uns nach den Richtlinien der Städtischen Schwimmbadbetriebe Reykjavík und reinigen insbesondere Füße, Achselhöhlen und Genitalien mit größter Sorgfalt.

4.) Hilfsbereitschaft. Hilfsbereitschaft ist der eigentliche Kern dieser Regeln. Wir begreifen uns als Dienstleister und sind immer bereit zu helfen – das gehört zum Image unserer Partei. Wenn wir zum Beispiel eine alte Omi entdecken, die nicht alleine klarkommt, sind wir natürlich sofort zur Stelle. Dabei versäumen wir nicht, einen Freund zu bitten, unsere Hilfsbereitschaft per Foto festzuhalten, das wir dann später in den Medien veröffentlichen oder ins Netz stellen können.

5.) Vertuschen. Totschweigen und Vertuschen sind die Erzfeinde der Demokratie. Deshalb machen wir von diesen Praktiken keinen Gebrauch, höchstens ausnahmsweise und dann nur in Notwehr. Bei uns kommt alles zur Sprache – außer wenn es dem Ansehen der Partei schadet.

6.) Vertrauen. Wir behandeln alles, was innerhalb der Partei gesagt und getan wird, streng vertraulich und tragen nichts davon nach außen – es sei denn, es ist unwiderstehlich witzig oder dem Ansehen der Partei und ihres Vorsitzenden ganz besonders zuträglich.

7.) Gute Laune. Wir sind immer fröhlich und vergnügt und haben stets ein Lächeln auf den Lippen. Wir geben uns Mühe, gute Laune zu verbreiten und unser Innerstes nicht nach außen zu kehren. Denk immer daran, dass wir die Besten sind! Wenn andere mithören, diskutieren wir besonders lebhaft über unsere Partei, über ihr Image und wie lustig es bei uns zugeht. Und versuchen, das möglichst überzeugend mit Gelächter zu untermalen.

8.) Respekt. Wir bringen jedem Respekt entgegen. Wenn wir vor jemandem keinen Respekt haben, dann tun wir wenigstens so. Wenn jemand uns erklärt, dass wir scheiße sind, versichern wir ihm, wie toll er ist. Wir diskriminieren niemanden, nicht mal die dämlichsten Volltrottel. Respektlosigkeit gestatten wir uns nur, wenn wir *über* Leute reden, nicht *mit* ihnen. Schon das allein zeugt schließlich von wahrem Respekt.

9.) Aufrichtigkeit. Wir behandeln andere immer ehrlich und aufrichtig und erwarten, dasselbe zurückzubekommen. Wir lügen nie – außer, wir sehen uns dazu gezwungen.

10.) Zusammenarbeit. Bei uns unterstützt jeder jeden. Wir sind eine Einheit, keine Ansammlung. Wenn einer von uns öffentlich irgendwelchen Blödsinn von sich gibt, sind wir loyal und erklären, seine Meinung zu teilen, auch wenn das nicht stimmt. Auf diese Art stärken wir Zusammenhalt und Teamgeist innerhalb der Partei – und damit unser Image und unsere Beliebtheit.

Jón Gnarr beschrieb das Selbstverständnis der *Besten Partei* auf der Webseite bestiflokkurinn.is im Januar 2010.

DIE ERSTE ZEIT ALS BÜRGERMEISTER

Ich hatte keine Vorstellung davon, was man in diesem Job eigentlich tut. Wir hatten schon Bürgermeister, die mit psychischen Problemen zu tun hatten oder Alkoholiker waren. Ich war weder noch. Wie würde ein durchschnittlicher Arbeitstag aussehen? Wahrscheinlich würde ich in meinem Büro am Schreibtisch sitzen, irgendwelche Schriftstücke unterzeichnen und viel telefonieren. Dann eine Beratung über was auch immer und danach ein Konzert oder eine Theaterpremiere. Klang alles nicht übel. Und ich würde einen Chauffeur bekommen – sehr zu meiner Belustigung.

»Was fährt der für ein Auto?«

»Einen Skoda Octavia«.

»Wie spießig. Aber gut, das kann man ändern. Wir könnten doch stattdessen einen Explorer mit getönten Scheiben anschaffen.«

Am nächsten Morgen holte mich der Fahrer zu Hause ab. Ich war nervös, aufgeregt und übernächtigt. Ich hatte die ganze Nacht wachgelegen. Auf dem Weg zum Rathaus fuhren wir noch bei Heiða vorbei, die mir für die ersten Monate als persönliche Beraterin zur Seite stehen würde. Als sie dann später in den Parteivorsitz aufrückte, nahm

S. Björn Blöndal ihren Platz ein, der mir seither und bis heute als Assistent und Berater gute Dienste leistet.

Wir rollten in die Tiefgarage unter dem Rathaus und parkten unter einem Schild mit der Aufschrift »Bürgermeister«. Von dort nahmen wir den Aufzug in den dritten Stock. Die Angestellten begrüßten mich und stellten sich vor. Stellvertretende Bürgermeisterin, Abteilungsleiter, Chefsekretärin, Empfangschefin. Ich hatte keine Ahnung, wer für was zuständig war. Die Büroleiterin hieß Regína und war eine rothaarige, resolute Frau in meinem Alter. Ich mochte sie sofort. Sie war schlagfertig und schien Humor zu haben. Dann präsentierte man mir mein Büro, das genauer gesagt aus zwei riesigen Räumen bestand, samt privater Toilette, Dusche und Aussicht über den Reykjavíker Stadtsee. Entlang der verglasten Front verlief ein Balkon, von dem aus man direkt auf die Wasserfläche schaute. Das Rathaus hatte mir schon seit seiner Erbauung leichtes Unbehagen verursacht. Bisher hatte ich es nur in Ausnahmefällen betreten, zum Beispiel, wenn eines der Kinder dringend aufs Klo musste, und hatte das Gebäude jedes Mal als kalt und deprimierend empfunden. Außerdem stand es für all die endlosen Debatten und unzähligen Skandale, die die Reykjavíker Stadtpolitik im Lauf der Jahre zu verzeichnen hatte. Auf dem Schreibtisch schimmerte ein nagelneues MacBook Pro mit 15-Zoll-Monitor. Mein Computer. Ursprünglich hatten sie mir einen ThinkPad hinstellen wollen, aber ich hatte erklärt, mit Windows absolut nicht zurechtzukommen. Und damit sah sich die Computerabteilung der Stadtverwaltung erstmals mit der Aufgabe konfrontiert, einen Mac zu installieren.

Dann führte Regína mich ausführlich in meine Rechte und Pflichten ein. Spätestens jetzt wurde mir klar, dass ich nicht nur einen neuen Job hatte, sondern gleich mehrere. Ich war der oberste Vorgesetzte des größten Arbeitgebers in Island. Hatte 8000 Leute unter mir. Außerdem war ich, politisch gesehen, der Vertreter des Stadtparlaments – und aller Bewohner von Reykjavík.

Fuck.

Schließlich kam das Gespräch auf meine Familie.

»Und wird deine Frau immer an deiner Seite sein?«

»Hm. Da hab ich noch nicht drüber nachgedacht.«

»In der Regel entscheiden die Bürgermeister selbst, ob und wie weit der Ehepartner öffentlich präsent ist.«

»Also, ich hätte sie schon gern dabei, möglichst oft jedenfalls, falls es ihr nicht, naja, zu blöd ist oder lästig wird.«

»Würde sie dich zu Premieren, Eröffnungen und derartigen Veranstaltungen begleiten?«

»Ganz bestimmt. Auch wenn wir nicht unbedingt die großen Premierengänger sind. Ich will nur nicht, dass es für sie in Quälerei ausartet.«

Ohne meine Frau geht bei mir gar nichts. Unsere Beziehung ist extrem eng, und wir versuchen, so gut es geht, am Leben des anderen teilzunehmen.

»In zwei Wochen findet in Stockholm das ›Forum der Skandinavischen Hauptstädte‹ statt. Da kannst du dann die Bürgermeister von Helsinki, Stockholm, Oslo und Kopenhagen kennenlernen.«

Fuck.

»Wir müssen die Reise organisieren und den Flug buchen. Kommt deine Frau also mit?«

»Ähhh, das wäre super, ja. Müsste sie denn die Kosten selbst übernehmen?«

»Nein. Du bist jederzeit berechtigt, deine Ehefrau mitzunehmen«, erklärte Regína. Dann fügte sie hinzu: »Du musst aber damit rechnen, dass die Medien das nicht unkommentiert lassen werden.«

»Das heißt, wenn meine Frau mitfährt, landet ihr Foto vielleicht schon am nächsten Tag auf der Titelseite des *Morgunblaðið*, samt einer Headline nach dem Motto *Reykjavíks neue First Lady: Luxustrip auf Kosten der Stadt*?«

Regína nickte.

»So ungefähr. Die rufen ständig hier an. Sie werden sich auf dich stürzen und gnadenlos alles benutzen, was sie finden können.«

»Okay. Dann will ich nicht, dass meine Frau oder meine Familie hier in Erscheinung treten. Ich zieh das alles alleine durch.«

»Das wird unter diesen Umständen wohl das Beste sein, fürchte ich«, stimmte sie zu. »Leider«. Dann folgte ein langes Schweigen.

»Krieg ich eigentlich auch Urlaub?«

»Ja, du hast das Recht auf vier Wochen Urlaub pro Jahr, solltest dir aber nach Möglichkeit nie länger als eine oder zwei Wochen am Stück freinehmen. Die meisten nehmen zwei Wochen über Weihnachten und Neujahr, und dann zwei Wochen im Sommer.«

»Okay.«

»Jetzt in der ersten Woche hast du noch kein volles Programm. Erst mal kommt es darauf an, dass du Leute triffst und dich mit dem ganzen Betrieb hier vertraut machst. Ich habe schon mit allen wichtigen Abteilungsleitern Termine gemacht, die werden dich dann in die einzelnen Bereiche einarbeiten. Ach ja, und der Stadtkämmerer möchte sich demnächst mit dir und der Koalition über die Situation von *Orkuveita* unterhalten.«

Von der Sache mit dem Reykjavíker Energiekonzern hatte ich gehört. Das Unternehmen steckte seit Jahren in einem bodenlosen Skandal. Die Führungsriege hatte sich, im Inwie im Ausland, in die waghalsigsten Investitionen verstiegen und dabei ein dekadentes Luxusleben geführt.

»*Orkuveita* ist ein Kapitel für sich«, war der Standardspruch, den man aus der Stadtverwaltung dazu gerne hörte. Eine Art Staat im Staat.

In meinem Amt als Bürgermeister habe ich schon die merkwürdigsten Sitzungen und Zusammenkünfte erlebt. Relativ zu Beginn nahm ich an einer Videokonferenz des »Fonds für Westskandinavische Zusammenarbeit« teil, ein Kooperationsprojekt der Hauptstädte Reykjavík, Nuuk und Tórshavn, mit dem Ziel, den kulturellen Austausch zwischen diesen Städten zu fördern. Ich saß also im Rathaus vor einer Websam, während hinter mir Aufnahmen von den Stadtparlamentssitzungen in Grönland und auf den Färöer-Inseln auf eine Leinwand projiziert wurden. Die WLAN-Verbindung war ziemlich schwach, und sobald sich jemand zu schnell bewegte, fror entweder das Bild ein, oder es ging gar nichts mehr. Wenn ich in die Kamera schaute, konnte ich die anderen nicht sehen. Der Ton kam über das hausinterne Lautsprechersystem, was bei der instabilen Online-Verbindung dazu führte, dass die Leute klangen, als hätten sie einen nassen Waschlappen vor dem Mund. Da ich außerdem schwerhörig bin, hatte ich größte Mühe, der Diskussion zu folgen, zumal diese auch noch auf Dänisch stattfand, einer Sprache, in der ich mich nie besonders hervorgetan hatte. Das Ganze war unglaublich peinlich und hatte zugleich eine gewisse Komik. Zum Glück waren wir die Anträge vorher durchgegangen und hatten alles markiert, was wir genehmigen wollten. Heiða stieg also auf einen Stuhl, presste das Ohr an den Lautsprecher und hielt den Daumen, je nach dem, hoch oder runter. Dann schaute ich wieder in die Kamera und sagte entweder »*Reykjavík siger ja*« oder »*Reykjavík siger nej*«.

EIN CLOWN IM RATHAUS

Nachdem sich die Anfangshysterie gelegt hatte und die Stimmen der Kritiker und Nörgler allmählich leiser wurden, sahen die Leute klarer und begriffen, dass viele Entscheidungen richtig und notwendig waren. Die Zusammenlegung von Schulen war im Großen und Ganzen gut angekommen; Schüler und Eltern waren zufrieden, und statt Skepsis und Verachtung bekamen wir Vertrauen und Respekt. Innerhalb der Partei bemühten wir uns vor allem um einen fairen Umgangston. Unterstützten uns gegenseitig bei unseren jeweiligen Aufgaben und nahmen uns die Zeit, über Probleme zu reden und zu erklären, warum und wozu wir dieses oder jenes taten oder sein ließen.

Schon bald wurde ich auf Mehrheitsbeschluss zum *Smokescreen* der Gruppe ernannt. Das hieß, ich bekam die Aufgabe, durch bewusste Manöver die Aufmerksamkeit unserer Gegner auf mich zu lenken, sozusagen als Lockvogel und Blitzableiter für Angriffe und Gemeinheiten jeder Art. Aber das war ich schließlich gewöhnt. Und außerdem konnte ich so meinem Spitznamen »der Clown im Rathaus« gerecht werden. So gab ich zum Beispiel in einem Live-Interview freimütig zu, längst nicht alles zu verstehen und auf bestimmte Fragen einfach keine Antwort zu haben. Ich habe im Lauf der Jahre allerhand miese Jobs kennengelernt. Als ungelernter Arbeiter auf Baustellen und in Fabriken. Als Taxifahrer, Psychiatriepfleger und Betreuer in Behinderteneinrichtungen. Für mich gibt es keine guten und schlechten Jobs. Eine Arbeit kann höchstens gut oder schlecht ausgeführt werden. Bisher habe ich in jedem Job versucht, mein Bestes zu geben, egal ob beim Pflastersteine verlegen oder Plastiktüten verpacken. Wenn die Leute trotzdem unzufrieden sind, kann ich dagegen verdammt wenig machen. Dann müssen sie sich eben mit mir arrangieren – oder sich jemand anderen suchen.

In den ersten 100 Tagen meiner Amtszeit ließen uns die Medien mehr oder weniger in Ruhe, um sich dann umso erbarmungsloser auf uns zu stürzen. Die Zeitungen brachten unzählige Meldungen und Artikel darüber, was ich alles bereits verbockt hätte und was in dieser Stadt nicht funktionierte. Unsere politischen Kontrahenten konnten sich gar nicht beruhigen über mein Auftreten, meinen Kleidungsstil und Ich-weiß-nicht-was. Fast täglich riefen Journalisten an, auf der Jagd nach neuen Details über mich und meine Tätigkeit. Die Presseleute lauerten mir überall auf, versuchten, mich zu verunsichern und mir alles Erdenkliche in die Schuhe zu schieben. Sie verwendeten völlig zusammenhangslose Zitate aus Interviews mit mir, um meine Unfähigkeit zu belegen. Als wir in Reykjavík einen besonders schneereichen Winter hatten, war das natürlich ebenfalls meine Schuld.

Ich gab mir alle Mühe, mit Gelassenheit, Geduld und Zurückhaltung zu reagieren. Dass die Journalisten mich nicht gerade liebten, wunderte mich nicht; ich hatte sie schließlich auch nie geschont, hatte ihnen die Fragen im

Mund herumgedreht oder wirres Zeug geantwortet. Aber die Presse hielt es offenbar für ihre demokratische Pflicht, mich als Populisten zu entlarven. Ich meinerseits hatte mit Sprüchen wie »Die Medien sind ein Teil des Problems, nicht der Lösung«, auch meinen Teil beigetragen. Aber während die Journalisten sich unter allgemeiner Anteilnahme an mir abarbeiteten, konnten sich die anderen in aller Ruhe der Parteiarbeit widmen. Die meisten waren ruhige, zurückhaltende Quereinsteiger und vom Medienrummel bisher völlig unbeleckt. Ich dagegen bin in einem Umfeld aufgewachsen, in dem Gewalt und Aggression an der Tagesordnung waren.

Auch als Stand-up-Comedian war ich ständigen Drohungen und Anfeindungen ausgesetzt gewesen. Zu Beginn meiner Laufbahn kam ich nämlich überhaupt nicht gut an, die Leute waren entrüstet, verstört, manche auch verletzt. Man warf mir Homophobie, Rassismus, Frauenfeindlichkeit und Missachtung zentraler gesellschaftlicher Werte vor. Ich habe nicht weniger als fünfzehn Strafanzeigen kassiert, für etwas, das die Leute nicht lustig fanden. Dazu eine Klage wegen versuchten Landesverrats und ein Strafverfahren wegen Hausfriedensbruch im Althingi. Außerdem musste ich mich gegen tätliche Übergriffe zur Wehr setzen.

Interessanterweise scheine ich gerade auf psychisch gestörte Menschen eine besondere Anziehungskraft auszuüben. Eine Zeit lang wurde ich von einer Frau verfolgt, die der Meinung war, ich würde ihren schlafenden Kindern die Gedanken klauen. Und einmal, auf dem Heimweg von meinem Job beim Radiosender, trat mir ein geistig verwirrter Mann in den Weg und ging mit einem Vorschlaghammer auf mich los. Ich rannte und versteckte mich in einem Supermarkt. Irgendwann erschien die Polizei und zog den Mann aus dem Verkehr. Als der Vorfall in den Medien die Runde machte, war ein schadenfroher Unterton nicht zu überhören: Endlich hatte einer, der immer nur die anderen durch den Kakao zieht, auch mal sein Fett abbekommen.

Jeder, der schon mal versucht hat, Comedy zu machen, weiß, dass er sich dabei auf einen Kampf gegen Ablehnung, Engstirnigkeit und Menschenverachtung einlässt. Wie oft habe ich in irgendwelchen Schuppen vor einem mehr oder weniger alkoholisierten Publikum auf der Bühne gestanden und mir Drohungen, Beschimpfungen und Demütigungen anhören müssen. Deshalb war der scharfe Wind, der mir in der politischen Szene entgegenpfiff, für mich nichts Neues, und ich wehrte mich, indem ich provozierte und selbst erst recht Wirbel veranstaltete. Die Seitenhiebe aus dem gegnerischen Lager ließen mich relativ kalt – je gemeiner und bösartiger, desto besser. So lange sie ihre negative Energie an mir abarbeiteten, blieben wenigstens die anderen von solchen Angriffen verschont.

Von Anfang an habe ich mich bemüht, zu meinen Angestellten, Mitarbeitern sowie der Führungsriege in der Stadtverwaltung ein gutes Verhältnis aufzubauen. Die Stadt Reykjavík hat das Glück, über gut ausgebildete Fachleute mit langjähriger Berufserfahrung zu verfügen. Ich behandelte jeden von ihnen mit Respekt, wollte aber auch meinerseits respektiert werden. Und sehr bald hatten alle begriffen, dass ich meinen Job ernsthaft, aufrichtig und verlässlich anzugehen gedachte und eben nicht der unberechenbare, durchgeknallte Kasperle war, für den mich viele hielten.

WU WEI

Wenn etwas meinen Kampf gegen Gewalt und negative Energien besonders stark geprägt hat, ist es die sogenannte »nachhaltige Transparenz«. Kurz gesagt geht es dabei um Folgendes: Anstatt negative Energien zu bekämpfen, lässt man sie einfach über sich hinwegfegen, das heißt, man bietet ihnen keinen Widerstand, sondern weicht ihnen aus oder versucht sogar, die destruktive Energie des Angreifers aufzugreifen und gegen ihn zu richten. In der chinesischen Philosophie wird dieses Prinzip *Wu Wei* genannt, was wörtlich übersetzt etwa »Geschehen-lassen« oder »Nicht-Eingreifen« bedeutet. Die nachhaltige Transparenz macht sich Ansätze und Methoden aus dem Judosport zunutze und überträgt sie auf den zwischenmenschlichen Umgang.

Ich habe alle wichtigsten Schriften des Taoismus gelesen und jahrelang Judo trainiert. Dabei war es immer mein größter Ehrgeiz zu lernen, wie man dem Gegner suggeriert, unsicher zu sein oder Angst zu haben. Ich lernte die verschiedenen Griffe und Würfe und wie man dem anderen eine Falle stellt, indem man selbst eine Schwachstelle vortäuscht. Wie man den Gegner also gezielt dazu bringt, einen zu unterschätzen, und sobald der die Gelegenheit nutzen will und zum Angriff ansetzt, schnappt die Falle zu – und schon hat er verloren. Beim Judo verblüffte mich am meisten, wie blind die anderen für solche Strategien waren. Wie sie wieder und wieder auf denselben Trick reinfielen. Am besten funktionierte das bei rohen, primitiven Schlägertypen. Je gröber und angriffslustiger, desto leichter ließen sie sich ablenken und aufs Kreuz legen. Bei denen brauchte ich nur so zu tun, als ob ich mir den Schweiß abwischte, schon fühlten sie sich sicher und wurden unaufmerksam, womit ich gerechnet hatte und blitzschnell reagierte – und damit war die Sache entschieden. Auf diese Art habe ich damals Gegner besiegt, die doppelt so stark waren wie ich.

Der Punkt ist der, den Gegner nach und nach zu zermürben, bis er schließlich von selbst aufgibt. Außerdem verhindert dieses Prinzip, dass man sich auf das Niveau des Angreifers herablässt. Durch dieses bewusste Nicht-Eingreifen bringt man die anderen dazu, sich selbst aus dem Gleichgewicht zu bringen. Wenn sich in einer Sitzung zum Beispiel jemand furchtbar aufregt und anfängt, laut zu werden – die erste Stufe der Gewalt –, dann schaue ich dem Betreffenden einfach mit großen Augen und einfältigem Grinsen ins Gesicht. Was wiederum bewirkt, dass dieser sich umso mehr aufregt. Er wird also noch lauter, wirft mit wüsten Beschimpfungen um sich, weil ihn das Ausbleiben meiner Reaktion zur Weißglut bringt. Erstaunlich viele Menschen rasten bei der kleinsten Gelegenheit aus und kriegen sich nicht eher wieder ein, bevor nicht alle anderen sie stumm und mit fragenden Blicken anstarren. Dann haben sie nicht nur die Kontrolle über sich selbst verloren, sondern auch die eigene Würde.

Das *Wu-Wei*-Prinzip lässt sich durch ein sehr einleuchtendes Beispiel illustrieren: Ich saß in einer Stadtverordnetensitzung, und wie so oft meldete sich die gesamte Opposition zu Wort, einer nach dem anderen, um sich darüber auszulassen, was für ein Idiot ich doch sei, was wir alles falsch machten und wie viel Schwachsinn wir verzapften. Ich hörte wie gewöhnlich ruhig und mit dümmlichem Grinsen zu, so als hätte ich nicht mal mitgekriegt, dass man mich gerade fertigmachte. Was dazu führte, dass einem der Stadträte erst recht der Kragen platzte und er eine so geballte Ladung an Unverschämtheiten auf mich losließ, wie ich es selten erlebt hatte. Ich sei verlogen, minderbegabt und sowieso nicht ganz zurechnungsfähig. Ich spürte, wie die Wut in mir hochkroch und sich in meinem Kopf ein paar Ausdrücke formten, die ich jetzt gerne an den Mann gebracht hätte: Widerlicher, stumpfsinniger Populist, verlogener, opportunistischer Arschkriecher!

Doch ich biss mir auf die Zunge, schwieg und grinste noch einfältiger. Als der Mann fertig war, trat er mit zitternden Knien vom Rednerpult ab. Die anderen Stadtverordneten machten entgeisterte Gesichter, wirkten nervös, manche regelrecht geschockt. Der Kollege war mit seinen persönlichen Beleidigungen und geschmacklosen Seitenhieben in der Tat zu weit gegangen. Ich schaute lächelnd zum Sitzungsleiter hinüber, hob die Hand und bat um das Wort. Und obwohl ich innerlich kochte, obwohl hier gerade Lügen und haltlose Verleumdungen über mich verbreitet worden waren, blieb ich äußerlich völlig ruhig. Und dann stellte ich einfach seine Hasstirade als solche zur Diskussion. Es sei schade, sagte ich, dass er eine so schlechte Meinung von mir habe. Aber leider könne ich seine Ansicht, ich sei ein unfähiger Bürgermeister, nicht teilen. Denn ich hielte mich eigentlich für einen ziemlich guten Bürgermeister, obwohl das natürlich relativ sei. An dieser Frage, der Frage nach Gut und Schlecht, hätten sich schließlich schon die Philosophen der Antike die Zähne ausgebissen, und auch wir würden dieses Rätsel wohl kaum auf die Schnelle lösen können. Dann führte ich aus, warum ich mich für einen guten Bürgermeister hielt, und endete mit der Bemerkung: »Ich möchte, dass du weißt, dass dein schlechtes Bild von mir nicht auf Gegenseitigkeit beruht. Ich finde dich voll in Ordnung und weiß, dass du in vielerlei Hinsicht ein super Typ bist.«

In der Partei haben wir uns dieses Prinzip von Anfang an zur obersten Leitlinie gemacht und immer versucht, unseren Kontakt mit anderen danach auszurichten. Wir vergelten Gutes mit Gutem, Respekt mit Respekt und Freundschaft mit Freundschaft. Beleidigungen begegnen wir mit Höflichkeit, Böswilligkeit mit Nachsicht und Verbohrtheit mit Toleranz. Auf diese Art wird das Gute immer stärker. Wie oft hat man uns vorgeworfen, wir wüssten uns nicht anständig zu wehren. In der Tat haben wir Gelegenheiten, es unserer Gegnern heimzuzahlen, oft ungenutzt verstreichen lassen. Sicher, die Versuchung ist groß, aber wenn wir ihr nachgeben würden, wären wir keinen Schritt weiter. Dann ist das Judo kein Judo mehr, sondern ein Boxkampf, und jeder, der sich halbwegs auskennt, weiß, dass dazwischen Welten liegen.

MEINE FAMILIE

Meine Karriere als Schauspieler und Stand-up-Comedian hat auch das Leben meiner Kinder entscheidend verändert. Immer wieder wurden sie gefragt, ob ihr Vater vielleicht verrückt sei, oder man beglückwünschte sie und versicherte, sie könnten sich glücklich schätzen, einen solchen Vater zu haben. Die Talkmaster und Klatsch-Journalisten wollten alle zu mir nach Hause kommen, wollten mich in meinem privaten Umfeld erleben und dabei meine Familie gleich mit interviewen. Deshalb habe ich schon sehr früh beschlossen, zwischen der Medienfigur und dem Familienvater eine klare Trennlinie zu ziehen und meine Frau und Kinder so wenig wie möglich ins Rampenlicht zu bringen.

Man könnte mich einen Exhibitionisten nennen. Es macht mir Spaß, unter Leuten zu sein, und es macht mir Spaß, auf der Bühne zu stehen – aber nie mit dem Ziel, mich selbst auf ein Podest zu stellen. Ich mache das, um andere zu amüsieren. Leute lachen zu sehen ist für mich das absolute Highlight. Gleichzeitig versuche ich aber, meinem Publikum auch den materiellen Gegenwert dieses Lachens bewusst zu machen – schließlich will ich, wie jeder andere, von meiner Arbeit leben. Das heißt, die Leute bezahlen Eintritt, und dafür werden sie von mir unterhalten, sie kaufen die Ware, die ich zum Verkauf anbiete. Das wiederum beruht auf einer stillschweigenden Übereinkunft zwischen mir und meinen Zuhörern. Dieser Vertrag funktioniert ungefähr so: Ich werde dich überraschen und dich zum Lachen bringen, und du gibst mir dafür ein bisschen Geld, damit ich mich ernähren und die Leute auch weiterhin unterhalten kann.

Ich bemühe mich aber um ein möglichst normales, gesundes Familienleben und will meinen Kindern ein geborgenes Zuhause und eine gute Erziehung bieten. Späße mache ich privat eher selten. Zuhause bin ich eher der Nerd. Ich habe fünf Kinder, und die Altersspanne zwischen dem ältesten und dem jüngsten beträgt zwanzig Jahre.

Wenn ich ein Exhibitionist bin, dann ist meine Frau das genaue Gegenteil. Ihr ist jede Art von Rampenlicht oder Medienaufmerksamkeit zuwider. Wir lassen uns möglichst selten bei Premieren oder Eröffnungen sehen und sind äußerst zurückhaltend, wenn die Presse versucht, in unserem Privatleben rumzustochern. Meine Frau ist Masseurin und hat in ihrem Beruf viel mit Menschen zu tun. Als ich mich ernsthaft auf das Leben als Politiker einließ, hat meine Frau dabei ganz entscheidend mitgewirkt und von Anfang an klargemacht, dass sie mich immer und bedingungslos unterstützen werde, aber nicht daran denke, mit auf der Bühne zu stehen. Natürlich war nach der Wahl auch in ihrem Leben nichts mehr wie zuvor. Auf einmal ist man Bürgermeistergattin. Bekommt Einladungen zu allen möglichen Events. Als Ehefrau des Bürgermeisters von Reykjavík ist man so eine Art First Lady der Nation. Schließlich gibt es in Island nur eine Stadt, die den Namen auch verdient – und folglich auch nur einen Bürgermeister. (Insofern hatte Lady Gaga nicht mal so unrecht, als sich mich zum »Bürgermeister von Island« ernannte.) Die Tätigkeit eines Bürgermeisters ist so umfangreich und so vielfältig, dass sie ganz automatisch auch das Privatleben durchdringt. Jeder Tag verläuft nach einem festen Terminkalender, der mehr oder weniger von anderen gemacht wird. Außerdem kann in diesem Job alles Mögliche passieren und jederzeit ein Strich durch die Tagesplanung gemacht werden, von dem berufsbedingten Dauerstress ganz zu schweigen. Außerdem bin ich viel auf Reisen, und meine Frau muss immer damit rechnen, dass meine Termine auch ihre Pläne durchkreuzen. Mit dem Bürgermeister verheiratet zu sein ist so was wie ein – ehrenamtlicher und natürlich unbezahlter – Teilzeitjob.

Ich treffe grundsätzlich keine größeren Entscheidungen, ohne vorher mit meiner Frau über die möglichen Auswirkungen auf unser Familienleben zu sprechen. Nach außen wirke ich vielleicht oft vorschnell und unüberlegt, aber privat bin ich das genaue Gegenteil – nämlich äußerst gewissenhaft und umsichtig. Deshalb hat es sich mit der Zeit so ergeben, dass sich meine Frau aktiver in meine Arbeit einklinkt, als wir das ursprünglich vorhatten. Sie ist mein Schiedsgericht und zugleich meine engste Mitarbeiterin. Außerdem hat sie auch in die »interne« Parteiarbeit Einblick.

Meine Kinder haben von meiner Wahl zum Bürgermeister nicht weiter Notiz genommen. Für meinen jüngsten Sohn allerdings hatte das direkte Auswirkungen. Er ist Jahrgang 2005 und wurde ausgerechnet, als die *Beste Partei* ihre Schulreform auf den Weg brachte, gerade eingeschult. Nachdem die Leitung seines ehemaligen Kindergartens mich in einem offenen Brief scharf angegriffen hatte, beschloss ich, den Jungen in einer anderen Schule anzumelden, einer, die nicht in meinem Zuständigkeitsbereich lag. Auch sonst brauchte er eine gewisse Zeit, bis er sich unter meinem neuen Beruf etwas vorstellen konnte. Anfangs schien er mich für eine Art Kaiser zu halten, der alles kann und alles darf, wozu er gerade Lust hat, aber irgendwann hatte er es begriffen: Sein Vater war bloß ein gewöhnlicher Mann in einem ungewöhnlichen Job.

Mich verwunderte ebenfalls, wie viele Familienmitglieder und entfernte Verwandten auf einmal aus der Versenkung auftauchten und mich um diese oder jene Gefälligkeit baten. Alle möglichen Onkel, Schwägerinnen und Cousinen wollten plötzlich, dass ich ihnen in irgendeiner Nebensächlichkeit behilflich war. Und natürlich kommt es auch vor, dass sich meine politischen Entscheidungen konkret auf Menschen in meinem nächsten Umfeld auswirken. Etwa, wenn nahe Verwandte dadurch ihren Job verlieren oder die Arbeitsstellen von Freunden und Familienmitgliedern wegrationalisiert werden. Manche von ihnen sind bis heute stinksauer auf mich. Ich erinnere mich zum Beispiel an die extrem unangenehme Situation, als wir dem angeschlagenen Energiekonzern *Orkuveita Reykjavíkur* unter die Arme greifen wollten und diese Rettungsaktion bedauerlicherweise Umstrukturierungen – sprich Kündigungen – nach sich zog. Einer der Leidtragenden war der Vater von Heiða, unserer Parteivorsitzenden, dessen ganze Abteilung dichtgemacht wurde. Natürlich hatte Heiða keineswegs vorgehabt, durch ihre Parteiarbeit den eigenen Vater arbeitslos zu machen, aber so etwas lässt sich leider nicht immer vermeiden.

Der wichtigste Mensch auf Erden ist und bleibt meine Frau Jóga, mit vollem Namen Jóhanna Jóhannsdóttir. Wir sind wie eine untrennbare Einheit aus zwei einzelnen Individuen, aber wir arbeiten und funktionieren nur als Einheit. Ich entscheide nichts, ohne es vorher mit meiner Frau zu diskutieren. Dafür profitiert sie von meinem Urteilsvermögen. Ich möchte behaupten, sie hat bei der Gründung und Organisation der *Besten Partei* viel entscheidender und tatkräftiger mitgemischt, als ich es jemals gekonnt hätte. Sie findet immer eine Möglichkeit, auch da, wo andere nur ein schwarzes Loch sehen, und mittlerweile sind unsere Gehirne so perfekt aufeinander abgestimmt, dass sie zusammen wie eine Art Superhirn funktionieren. Ich bin der Hauptdarsteller, und sie führt Regie.

Meine Frau bringt es fertig, mit nur zwei Tagen Vorlauf ein Fest für 300 Leute auf die Beine zu stellen und es für alle Beteiligten zu einem unvergesslichen Erlebnis zu machen. Ich dagegen kriege nicht mal einen einzigen Tag alleine geregelt. Ich nehme mir etwas vor, habe den Vorsatz im nächsten Moment schon wieder vergessen und finde mich plötzlich bei etwas ganz anderem wieder. Ich gehe etwa mit meiner Schwimmtasche aus dem Haus, weil ich mit jemandem im Hotpot verabredet bin, und kaum sitze ich im Auto, scheint mir der ideale Zeitpunkt gekommen, fürs Abendessen einzukaufen. Und weil ich sowieso gerade in der Stadt bin, bringe ich noch schnell den Wagen in die Waschstraße. Und lasse die Einkäufe im Kofferraum liegen. In vieler Hinsicht bin ich ein ganz normaler Mann mit seinen Stärken und Schwächen. Hin und wieder bin ich auch ein Genie. Und zugleich geistig verlangsamt. Ich finde es immens schwierig, mich neuen Umständen anzupassen, was natürlich – angesichts meiner spontanen Eingebungen und Schnapsideen wie der Gründung der *Besten Partei* – überhaupt nicht zu mir passt. Aber ich bin nun mal ein wandelnder Widerspruch mit starker Chaostendenz, und nur Jóga versteht es, dieses Chaos halbwegs zu ordnen.

INTERVIEW MIT JÓHANNA (JÓGA) JÓHANNSDÓTTIR

Fangen wir am besten vorn an. Wie ging das los mit der »Besten Partei« und Jóns Wahlkampf?

Jón machte Videos, die Ende 2009 auf YouTube standen – »Simply the Best«, er wirkte vollkommen von sich überzeugt –, schrieb außerdem kleine Artikel und machte Quatsch. Mit dem Quatschmachen ging es los.

Wann wurde Ihnen klar, dass daraus mehr wurde als nur spaßiges Herumkritisieren?

Ich fand das ziemlich genial, insbesondere, als Jón dann die Idee hatte, eine Partei daraus zu machen – eine politische Partei. Ich war das erste Mitglied dieser Partei. Und ab da hat es richtig Spaß gemacht.

Jón hat gesagt, dass die Beste Partei nicht einfach so über Nacht entstanden sei, vielmehr sei sie das Produkt vieler Ideen – als ob ein paar Ideen Sex gehabt und sich vermehrt hätten. So wie ich das sehe, wird die Partei als Rätsel wahrgenommen, gleichzeitig aber mit viel Respekt betrachtet.

Es war pure Magie. Und dann die Idee, diese Leute, mutige Leute, Künstler auszuwählen, die mitmachen und sich an der Sache beteiligen wollten und außerdem ... am Quatschmachen. Denn die Situation in Island war damals so angespannt, und jeder von uns hatte die Nase voll von diesen typischen Politikern, die alles wissen. Unser erklärtes Ziel war, das auf die Spitze zu treiben. Aber wir wussten erst gar nicht, wie man da mitmischen, wie man eine politische Partei gründen konnte.

Und wie gründet man eine politische Partei?

Man muss die Leute dazu bringen, die Sache per Unterschrift zu unterstützen, und man braucht eine bestimmte Anzahl davon. Dann geht man ins Rathaus und zeigt, was man hat. Jón und Heiða machten das, und ab da waren wir wahlkampfberechtigt.

Wenn die Partei das Produkt, das Kind all dieser Ideen war, waren Sie dann sowohl Hebamme als auch Mutter?

O ja, *erfahrene* Mutter und zudem noch Hebamme – das trifft die Sache ziemlich gut. Zuständig für den Schutz der Ideen und dafür, zu bremsen, wenn es zu weit ging oder die Gesundheit des Kindes auf dem Spiel stand. Ich war behilflich, es zur Welt zu bringen.

Jón hat gesagt: »Die Leute haben keine Ahnung, wie viel die »Beste Partei« Jóga verdankt.« Können Sie uns dazu mehr erzählen – zu den verschiedenen Rollen, die Sie im Hintergrund gespielt haben und noch heute spielen?

Ein Beitrag war, mit den Partnerinnen der Leute zu reden, die sich am Wahlkampf beteiligten. Denn viele von ihnen waren anfangs dagegen, dass ihre Männer aktiv wurden. Und ich habe die Leute ermutigt, sich doch zu beteiligen.

Wie haben Sie das geschafft?

Ich war absolut überzeugt davon, dass so etwas fehlte, dass

es sich um ein Kunstwerk handelte und der Einsatz sich garantiert lohnen würde. Und ich hatte die Hoffnung, dass irgendwann auch die anderen Politiker aufwachen würden. Das war meine Vision – ich dachte, sie würden sagen, »Okay, ihr habt recht, lasst uns menschlich sein«. Jón hat echt ein großartiges Spiegelbild abgegeben – er hielt ja den Spiegel hoch –, um sie darauf aufmerksam zu machen, sie wachzurütteln. Ich dachte damals nicht, dass Jón Bürgermeister werden könnte oder die Partei derart erfolgreich sein würde, sondern dass sie die anderen aufwecken könnte – durch Kunst. Mithilfe dieses Kunstwerks.

Man hat wirklich den Eindruck, das sei Kunst gewesen, etwa so wie bei der Dada-Bewegung.

Ganz genau. Es war Punk.

Da kommen Sie doch auch her, oder? War Punk nicht auch Teil Ihrer Geschichte?

Ja. Und die Punks sind jetzt in ihren 50ern, gehören also genau zu der Altersgruppe, die die Führung übernehmen sollte. Warum müssen alle immer 60, 70 oder 80 sein? Es ist unsere Aufgabe, die Ämter zu übernehmen, uns nützlich zu machen – Aufgabe unserer Generation.

Gab es Situationen, in denen Sie auf bestimmte Fachkenntnisse zurückgreifen mussten, zum Beispiel die eines Anwalts, und sich auf einmal in der Rolle eines Casting-Chefs befanden, der dafür die richtige Person finden musste?

Einmal brauchten wir etwa jemanden, der juristisch bewandert war. Von früher kannte ich einen Anwalt, der Saxophonist und ein durch und durch authentischer Mensch ist, aber eben auch ein Anwalt, dem ich vertraute. Also rief ich ihn an.

War es schwer, ihn zu überzeugen?

Eine Stunde später stand er vor der Tür. Er kam einfach vorbei und war ab da mit an Bord.

Als Jóns Ehefrau waren Sie immer in unmittelbarer Nähe dessen, was im Wahlkampf gerade passierte, und zwar Tag und Nacht. Dennoch scheinen Sie die Gabe zu besitzen, einen Schritt zurücktreten und den Gesamtzusammenhang im Auge behalten zu können. Wie hat diese Fähigkeit Jón und den anderen Parteimitgliedern bei ihren Entscheidungsfindungen geholfen?

Ich bin jemand, der ein Genie erkennt, und ich erkenne geniale Ideen. Das springt mich an. Jón ist ein Genie. Aber nicht nur er hat all diese genialen Ideen, sondern auch die anderen Leute haben welche, also stimmt es vielleicht wirklich, dass ich ein guter Casting-Chef bin – denn ich erkenne solche Leute, ich suche sie aus. Sie sind genial und haben alle ein gutes Herz, sind außerdem tapfer und – das ist entscheidend – haben das Zeug dazu, ganz vorn mitzumischen. Das sind Musiker in Bands, die wissen, wie man sich auf großen Bühnen bewegt. Was ein echter Vorteil ist. Nur *mein* Ding ist das überhaupt nicht. Ich helfe unheimlich gern dabei, wenn Leute sich weiterentwickeln wollen. Da versuche ich zu sehen, was sie brauchen, was ihnen beim Wachsen hilft und welcher Schritt gut wäre, um die Komfortzone verlassen zu können. In vielerlei Hinsicht hat das mit der Stadt und dem ganzen Land zu tun, also Island. Ich möchte, dass wir uns *alle* weiterentwickeln. Dabei bleibe ich gern im Hintergrund. Ich finde es wunderbar, wenn Künstler es schaffen, die Menge wachzurütteln – oder eben die Massen. Ich möchte irgendwo sein, wo ich

Leuten helfen kann, die die Massen wachrütteln. Dann bin ich glücklich.

Sie haben außerdem noch die Rolle eines, sagen wir mal, Energie-Dirigenten übernommen, indem Sie während des Wahlkampfs den Energieaufwand kontrollierten – wann also mit Vollgas gefahren, wann abgebremst oder gar pausiert werden sollte.

Ich bin wie ein Vogel. Ich habe den Überblick. Vielleicht braucht man das, wenn Leute sich in einer neuen Situation befinden – was ja damals bei allen der Fall war. Jeder Einzelne hatte seine Rolle zu spielen. Dabei den Überblick zu behalten ist schwer. Also war ich diejenige mit dem Überblick.

Was mussten Sie öfter tun, sie zurückhalten oder sie antreiben?

Sie antreiben. »Go, go, go!« Ein paar wenige Male musste ich Stopp sagen und für Ruhe sorgen, damit sie nicht in dieses schmutzige Politik-Gerangel hineingezogen wurden. Um vielmehr bereit zu sein, wenn die Lücke sich öffnen würde, in die wir uns quetschen konnten – oder durch die wir vielmehr eintreten konnten –, um sie mit all unserer Energie auszufüllen.

Jemand, der Sie sehr gut kennt, hat gesagt: »Die Menschen vertrauen Jóga. Sie würden für sie sogar von der Klippe springen.« Aber wenn der Fall eintreten würde, wären doch sicher Sie die erste, die springt, oder?

Ich gebe den anderen keine schlechten Ratschläge. Ich habe ein gutes Herz. Das merkt jeder.

Wenn die Menschen für Sie von der Klippe springen, dann denke ich mal, sie springen in ein Meer der Liebe.

Na ja, zumindest springen sie in etwas sehr Interessantes.

Die Gewässer mögen hin und wieder etwas unruhig sein ...

... vor allem aber lustig, es soll doch Spaß machen. Und es soll etwas sein, an das sie selbst schon gedacht haben und das sie längst machen wollten. Ich dränge die Leute nicht. Ich bin eher jemand, der ihnen zu der Richtung verhilft, die sie ohnehin einschlagen wollten.

Und das gleiche gilt definitiv für Jón und den ganzen Wahlkampf. Vermutlich wussten Sie besser als er, dass er das machen musste, dass die Leute das von ihm erwarteten. Und dass die Leute Ihnen vertrauen, liegt meines Erachtens auch daran, dass Sie sich so stark auf ihren Instinkt verlassen.

So nehme ich das wahr: Man muss Loyalität der Kraft gegenüber besitzen.

Ich bin auf das spannende Detail gestoßen, dass Ihr Vater Seemann war und Sie viel mit ihm gereist sind.

Er hat auf Containerschiffen gearbeitet und ist von Island aus nach ganz Europa gefahren. Bei vielen dieser Fahrten war ich mit von der Partie, etwa ab meinem sechsten Lebensjahr. Diese Erfahrungen haben mich extrem geprägt, denn ich habe von den Seeleuten vermutlich mehr gelernt, als mir tatsächlich bewusst ist. Dazu kam der Umstand, dass ich oft das einzige Mädchen an Bord war – also so mit sieben oder acht Jahren, und zwei Wochen lang mit meinem Vater zusammenarbeiten durfte. Ich war immer irgendwie beschäftigt – half den Jungs beim Anstreichen, ging dem Koch zur Hand oder spülte die Teller. Ich gehörte zur Mannschaft. So jung ich auch war, ich gehörte zur Mannschaft.

Gab es im Lauf des Wahlkampfs Momente, in denen Sie das Gefühl hatten, unkontrollierbaren Kräften gegen-

überzustehen und den Entwicklungen einfach folgen zu müssen?

Einmal, ja, als wir nichts tun konnten und der Brutalität der Politik ausgesetzt waren. Ich glaube, ich habe nur ein einziges Mal gesagt: »Bis hierher und nicht weiter. In diese schlammigen Niederungen lassen wir uns nicht herab.« Es wurde mit unheimlich viel Schmutz geworfen, nach dem Motto: »Jón ist doch dieser Clown«, der darf da gar nicht mitmachen, und so weiter. Ich wollte nicht, dass meine Leute verletzt werden. Deshalb sagte ich Halt, hier geht es für uns nicht weiter.

Und was ist passiert? Haben Sie eine Weile pausiert, oder haben Sie sogar überlegt, ganz aufzuhören?

Nein, es hat nur etwa eine Stunde gedauert. Jón stieg in die Badewanne, und als er wieder herauskam, hatte er eine tolle Idee. Er wollte es ihnen heimzahlen, indem er verkündete, er werde die Kandidatur zurückziehen, nur um sich dann stärker als je zuvor aus der Asche zu erheben wie dieser Vogel namens Felix. Mit diesem Joke kehrte der Humor zurück. Denn zu dem Zeitpunkt war die Sache viel zu ernst und schmerzhaft geworden. Aber mit dieser genialen Reaktion und der Möglichkeit, die anderen zu verarschen, hieß es eben wieder »Go«.

Warum reagieren die Leute Ihrer Meinung nach so positiv auf Jón?

Jón ist einfach ein guter Mensch. Ein Mensch ist gut, wenn er für alle nur das Beste will, und das war bei Jón immer der Fall. Außerdem war er über Jahre ständig im Radio, man kannte ihn also. Die Leute erkennen einen guten Stand-up-Comedian und schätzen seine Intelligenz; es sind eben nur die hochintelligenten Menschen, die lustig sein *und* dabei richtig in die Tiefe gehen können. Jón schrieb ja auch Artikel über das Leben und ganz unterschiedliche Themen, die zusammengestellt wurden und in Buchform erschienen. Er sagte immer diesen tollen Satz: »Zu dienen ist die höchste Form der Liebe.« Auf die Art lernten die Menschen ihn kennen. Und keinem der Politiker war wirklich bewusst, wie populär er auch über seine Clown-Rolle hinaus war. Für sie war dieser Clown nichts als ein alberner Mensch, und keineswegs ein Intellektueller.

Die Leute verstanden also, dass Jón eine ernste Seite hat?

Island ist klein. Selbst wenn man ihn nie auf der Bühne erlebt hatte und ihn tatsächlich nicht kannte, musste man nur den Typen zwei Stühle weiter fragen, denn der *war* dort und konnte einem sagen, wie ernst Jón es meinte.

War die Bezeichnung »Beste Partei« auch ironisch gemeint?

Na ja, wir benutzen das Wort doch tagtäglich: »Dies hier ist schlecht, aber das dort ist am *besten.*« Ganz einfach. Wenn wir uns entscheiden müssen – wollen wir das Schlechte oder das Beste?

Er hat ja gesagt, im Wahlkampf sei es um Politik gegangen, beim Bürgermeisteramt gehe es hingegen um den gesunden Menschenverstand.

Um gesunden Menschenverstand, um Kommunikation, darum, das Beste zu wollen. Niemand hat die *Beste Partei* bislang verlassen – alle sind nach wie vor mit dabei. Wie bei einer guten Band ist es zum Beispiel völlig normal für uns, dass jeder sagt, was er denkt, dass der Drummer und die restlichen Bandmitglieder Ideen entwickeln und jeder sich zu dem Song äußern kann. Alle dürfen mitreden.

Dann ist es im Rathaus so, als ob man in einer Band wäre.

Ja, und zwar mit dem Ziel, die beste Idee zu entwickeln. Letzten Endes weiß man dann gar nicht, wie sie im Einzelnen zustande gekommen ist – denn die Band als Ganzes hat sie hervorgebracht.

Welches sind die Qualitäten, die Jón zum Frontmann dieser Band machen, wenn es denn tatsächlich eine Art Band ist?

Er ist aufrichtig und hat Vertrauen in andere Menschen, deshalb vertrauen die Leute auch ihm. Außerdem ist er eben ein Stand-up-Comedian – er sieht immer die komische Seite an einer Sache und kann damit alle zusammenschweißen – *yes, yes, yes.*

Es scheint, als sei der spielerische Ansatz nicht nur ein wichtiges Element des Wahlkampfs gewesen, sondern auch Teil Ihrer Persönlichkeit. Mir fällt zum Beispiel auf, wie oft Sie das Wort »kichern« verwenden …

Das ist so wichtig. Das Leben ist viel zu ernst, viel zu düster. Ich bin mehr für's Helle – wenn gekichert wird oder mitgefühlt oder auch geweint, dann gibt es Licht. Und darauf zähle ich. Es gab unglaublich viel Gekicher während des Wahlkampfs.

Das muss ansteckend gewesen sein. Haben sich die Bewohner von Reykjavík über das Gekicher gefreut?

Ja, sie haben mit uns gekichert, und sie haben sich bereiterklärt, zumindest für vier Jahre weiterzukichern. Auch wenn außer Kichern wenig passiert. Wir haben kein Geld. Und alles war stinklangweilig. Die Menschen lieben es zu kichern. Ich meine, was ist schöner als ordentlich zu lachen? Ganz spontan zu lachen? Es gibt nichts Besseres, als so sehr zu lachen, dass man zu weinen anfängt. Dann schwimmst du obenauf – denn das Licht leuchtet. Und ich habe auch eine Theorie über hell und dunkel. Das Dunkle ist für mich ein Durcheinander; Dunkelheit ist Chaos. Wenn also gelacht wird und man sich vorwärts bewegt, mit kleinen Schritten losläuft – dann geht man zumindest in eine Richtung. Man befindet sich im Licht. Und das ist genau das, was jeder Mensch verdient.

Ich kann mir vorstellen, dass Sie in den letzten drei Jahren eine Menge unerwarteter Dinge lernen mussten.

Das war wie ein Universitätsstudium für mich. Es war toll, aber immer wieder auch ganz schön schwierig. Danach werden wir alle ziemlich fertig sein, soviel ist sicher, aber wir werden auch enorm profitiert haben – und zwar alle miteinander. Wir werden im Besitz einer kostenlosen Ausbildung sein, einer Art Überraschungsausbildung – wie die Menschen ticken, wie Städte funktionieren. Sagen wir zum Beispiel mal, es fängt an zu schneien – dann denken wir automatisch über Geld nach. Eine Schneeflocke war für mich immer etwas Wunderschönes. Ich habe den Schnee geliebt. Aber jetzt denke ich bei Schneefall nur, wie teuer es ist, die Straßen frei zu halten. Wir sehen die Dinge jetzt mit anderen Augen, und das macht Spaß und ist gesund. Egal, wo wir im Leben auch stehen und in welcher Stadt wir auch sein werden – ab jetzt haben wir einfach diesen Blick vom Rathaus aus.

»Go! Go! Go! Go! Go!« – Jóhanna Jóhannsdóttir über die *Beste Partei*,
Interview von Bill Haye vom 15. April 2013,
aus dem Englischen übersetzt von Dieter Fuchs.

FACEBOOK UND CO

Das Internet hat mich, seit ich es für mich entdeckt hatte, immer fasziniert. Es ist für mich die einschneidendste Erfindung der Menschheitsgeschichte seit der Entdeckung des Feuers. Ich bin eigentlich ständig im Netz, ständig am Surfen, von hier nach dort und wieder zurück. Ich war einer der ersten IRC-Nutzer Islands. Und ich liebe Facebook. Mir macht es einfach Spaß, mich über Facebook mit Leuten auszutauschen oder ihre Aktivitäten zu verfolgen. Außerdem habe ich Facebook dazu genutzt, meine Ansichten zu verbreiten. Aber seit ich Bürgermeister bin, hat Facebook für mich deutlich an Unterhaltungswert verloren. Seitdem sind die Kontakte zu meinen Facebook-Freunden nicht mehr so wie früher, ohne dass ich genau sagen könnte, inwiefern oder woher das kommt. Vielleicht sind die anderen plötzlich befangen. Auf jeden Fall ist dieser Bruch nicht zu übersehen, und ich finde das jammerschade. Als hätte sich eine unsichtbare Mauer zwischen mich und die anderen geschoben. Nur ab und zu bekomme ich auch eine private Message, manchmal sogar von alten Freuden, die wohl mit einer Flasche Rotwein vor dem Rechner versackt waren und plötzlich meinten, mir etwas mitteilen zu müssen.

Mein eigentliches Facebook-Profil läuft unter einem Decknamen und ist nur meinen allerbesten Freunden zugänglich. Daneben habe ich fünf fiktive Identitäten. Zum Beispiel bin ich eine ältere Frau, die ziemlich aufgeschlossen und positiv daherkommt. Dann ein isländischer Flugkapitän, der für die nordkoreanische Airline Air Koryo tätig ist, ein allein lebender Brite in Kingston-upon-Hull und ein minderbegabter, untalentierter aber eifriger Hobbyfotograf. Und schließlich bin ich ein verbitterter Schwuler, der sich aus der Gesellschaft ausgeklinkt und in einem Sommerhaus irgendwo auf dem Land eingebunkert hat, wo er im Einklang mit der Natur leben will und den ganzen Tag auf News-Portalen und in Datingforen herumhängt. Alle diese Leute haben auch wieder massenhaft Facebook-Freunde, die natürlich ebenfalls nicht existieren. Und wer eigentlich hinter all diesen Phantasiefiguren steckt, wissen nur die Allerwenigsten.

Es macht mir nach wie vor viel Spaß, mich mittels dieser Leute zu Wort zu melden. Wenn mir jemand zum Beispiel einen Link zu einem ätzenden Kommentar schickt, dann tritt sofort die muntere aufgeschlossene Dame auf den Plan und verteidigt mich und meine Position.

Abgesehen von diesen Scheinidentitäten betreibe ich noch zwei reguläre Facebook-Seiten: Auf der einen, sie nennt sich »Tagebuch eines Bürgermeisters«, geht es hauptsächlich um die Stadt Reykjavík und um städtische Belange. Und dann ist da die Homepage der öffentlichen Person Jón Gnarr. Diese Seite ist komplett auf Englisch und dient dazu, meine Gedanken und Ansichten über die Landesgrenzen hinaus zu verbreiten.

STRESS

Schon bald nach meinem Amtsantritt begannen die dunklen Mächte der isländischen Polit-Szene ihre Krallen auszufahren. Alles was ich tat, wurde ins finsterste Licht gerückt, meine Person sowie jedes Wort aus meinem Mund verhöhnt und niedergemacht. Als ich mich weigerte, die Offiziere eines deutschen Kriegsschiffes zu empfangen, galt das nicht etwa als Statement eines überzeugten Pazifisten, sondern als Beleidigung einer befreundeten Nation.

Ich habe mein Leben lang darum gekämpft, meinen Namen ändern zu lassen. Dafür gibt es verschiedene persönliche Gründe. Geboren wurde ich als Jón Gunnar Kristinsson, ich habe mich aber seit meiner Kindheit nicht mehr so genannt. Meine frühen Jahre sind mit schmerzhaften Erinnerungen verbunden. Seit meinem vierzehnten Lebensjahr nenne ich mich Jón Gnarr. Jón Gunnar Kristinsson war ein vernachlässigter kleiner Junge, der als geistig zurückgeblieben galt. Jón Gnarr dagegen ist ein optimistischer, kreativer, aufrichtiger und mutiger Erwachsener. Wegen der starren isländischen Gesetze habe ich eine Namensänderung nie durchsetzen können. Das wiederum machen sich meine politischen Kontrahenten gerne zunutze, indem sie mich grundsätzlich Jón Gunnar Kristinsson oder Jón G. Kristinsson nennen.

Anfangs befürchtete ich, diese Gruppe könnte sich auch auf meine Familie stürzen und mein Privatleben auseinandernehmen – eine extrem beunruhigende Vorstellung. Aber seltsamerweise ist das nie passiert. Höchstens indirekt. Natürlich verletzt es auch meine Angehörigen, wenn irgendwelche Gemeinheiten über mich verbreitet werden.

Ein Beispiel. Im dritten Jahr meiner Amtszeit verbrachte ich meine Sommerferien in Norwegen. Dort war ich für zwei Wochen bei meiner Schwester zu Besuch, die mit Mann und Kindern in Norwegen lebt und die ich daher viel zu selten sehe. Zuhause in Island hatte der SUS, die Jugendorganisation der Selbständigen, inzwischen eine Fahndung nach mir ausgerufen, und die Konservativen-Postille *Morgunblaðið* druckte die Meldung gleich auf die Titelseite, erklärte mich für vermisst und ließ ebenfalls nach mir fahnden. Auch das war natürlich pure Schikane. Sie wussten ganz genau, dass ich einfach nur Urlaub machte. Ich fand nicht, dass ich irgendjemandem eine Erklärung schuldete. Mein Job hält mich rund um die Uhr in Atem, sodass ich kaum die Zeit finde, meine eigenen Kinder und nahen Angehörigen zu sehen. Ich bin schon aus dem Haus, wenn mein Jüngster aufsteht und sich für die Schule fertigmacht, und wenn ich abends heimkomme, geht er gerade ins Bett.

Als mein Vater starb, zog meine Mutter in ein Pflegeheim. Kurz vor Weihnachten 2010, ich war gerade sieben Monate im Amt, bekam sie eine Lungenentzündung, und dann ging es rapide bergab. Sie starb am ersten Weihnachtsfeiertag. In diesem Moment fiel mein ganzes Leben in sich zusammen. Ich war chronisch übernächtigt, ausgelaugt und von den ständigen Anfeindungen zermürbt und fühlte mich, als stünde in meinem Inneren kein Stein mehr auf dem anderen. Am Liebsten wäre ich einfach verschwunden, wäre in irgendein Loch gekrochen, Erde drüber und fertig. Was dann kam, waren Trauer, Schmerz und Depression. Trotzdem schaffte ich es irgendwie, mir nach außen hin nichts anmerken zu lassen. In Wirklichkeit stand ich die ganze Zeit kurz vor dem Zusammenbruch, aber genau diesen Gefallen wollte ich dem gegnerischen Lager nicht machen, und das hielt mich über Wasser. Ich stürzte mich mit Feuereifer in die Arbeit, nahm mir immer einen Tag nach dem anderen vor. Und wenn mich die Sehnsucht nach meiner Mutter überkam, holte ich ihre Schminksachen heraus, legte ihren Lippenstift auf und lackierte mir mit ihrem Nagellack die Fingernägel.

Mir war von Anfang an klar, dass dieser Job auf Dauer meine Gesundheit ruinieren würde. Ständige Belastung, Stress, Zeitdruck und Schlafmangel, all das kann irgendwann das Immunsystem schwächen. Nicht umsonst bin ich schon zweimal im Krankenhaus gelandet, und meine Migräne wird durch den Dauerstress auch nicht besser. Für soziale Kontakte außerhalb der Arbeit habe ich sowieso kaum noch Zeit und Energie, und die paar Stündchen Freizeit, die mir bleiben, verbringe ich mit meiner Familie. Trotzdem war ich bisher nie unglücklich, höchstens müde. Unendlich müde, um nicht zu sagen: ziemlich am Ende.

Die Welt des Fernsehens hat mich von klein auf fasziniert. Schon als Kind kannte ich mich in ihr hervorragend aus und habe immer leidenschaftlich für bestimmte Filme und Serien geschwärmt. Aber seit ich Bürgermeister bin, ist dies aus meinem Leben komplett gestrichen. Seitdem bleibt der Fernseher mehr oder weniger aus, denn zum Fernsehen fehlt mir schlichtweg die Zeit.

Außerdem kommen mir manchmal Zweifel, ob ich nach all diesen komplexen Aufgaben und verantwortungsvollen Entscheidungen, nach all den Todesfällen in der Familie, den Hetzkampagnen und permanenten Anfeindungen, jemals wieder Comedy machen kann. Ich werde oft gefragt, wo und auf welche Art ich eigentlich entspanne, wie ich meine Batterien wieder auflade. Die Antwort: Ich verbringe jeden Tag eine Stunde nur mit mir selbst. Diese Zeit ist mir heilig, dann gehe ich mit meinem Hund spazieren und höre dabei irgendwas Entspannendes.

Ich habe mich auf ein kompliziertes Projekt eingelassen, und ich stecke noch mittendrin. Im Moment kann ich noch nicht zurückblicken, das Gesamtbild, die Tragweite des Ganzen beurteilen. Ich arbeite mich Tag für Tag voran, und wenn ich ehrlich bin, habe ich von Anfang an die Tage gezählt und abgestrichen. Während ich das hier schreibe, bin ich bereits 960 Tage im Amt und habe noch 70 Wochen oder 490 Tage vor mir.

REYKJAVÍK – CITY OF PEACE

Island ist ein friedliches Land. Wir haben eine Jahrhunderte alte Tradition, Konflikte nicht mit Waffen zu lösen, sondern mit Worten. Wir waren von Anfang an darauf angewiesen zusammenzuhalten – schon allein, um auf dieser Insel zu überleben. Island hat keine Armee und keine bewaffnete Polizei. Ich wünschte, man könnte Gewalt und Krieg in der Welt einfach ausrotten, alle Streitkräfte abschaffen und alle Bomben vernichten. Aber das ist wohl nicht sehr realistisch.

Letztlich muss jeder bei sich selbst anfangen. Viele wollen erst einmal irgendwo anders aktiv werden, am besten in einem Land, in dem sie selbst nicht leben. Aber was soll das bringen, so lange in deinem eigenen Leben kein Frieden herrscht? Also Frieden mit sich selbst. Und wie? Durch friedlichen Umgang mit anderen. Fang bei dir zu Hause an, für Frieden zu sorgen, bevor du in die Welt hinausziehst. Oder betreibe beides parallel. Du kannst dich nicht tagsüber in einem Friedenscamp im Nahen Osten engagieren und abends am Telefon mit deiner Familie Zoff haben oder mit deinem oder deiner Liebsten.

Aber natürlich müssen wir, wenn wir uns für den Frieden einsetzen wollen, irgendwo anfangen. Meiner Ansicht nach ist Reykjavík als Ausgangspunkt für Friedensarbeit geradezu prädestiniert. Als sich Reagan und Gorbatschow

1986 hier die Hand reichten und damit das Ende des Kalten Krieges und des grotesken Wettrüstens der Supermächte besiegelten, wurde Reykjavík in den Fokus der Weltöffentlichkeit katapultiert. Bis heute pilgern Jahr für Jahr Hunderte von friedensengagierten Touristen hierher, um den Ort dieses historischen Handschlags, die ehrwürdige städtische Empfangsvilla *Höfði*, zu besichtigen.

Ich habe mir zum Ziel gesetzt, die Friedenskultur von Reykjavík zu unterstützen und seine Entwicklung zur *City of Peace* voranzubringen. Ein paar Grundsteine dazu sind bereits gelegt. Ich träume davon, dass der Name Reykjavík eines Tages überall auf der Welt mit Frieden assoziiert wird, dass unsere Stadt in Bezug auf Friedensförderung und Menschenrechte irgendwann an der Weltspitze steht und anderen Städten als Vorbild dient.

Schon jetzt ist die Stadt Reykjavík an verschiedenen Friedens- und Menschenrechtsprojekten beteiligt – zum Beispiel an *Mayors for Peace*, einem globalen Netzwerk, das 1982 auf Initiative der Bürgermeister von Hiroshima und Nagasaki und mit Unterstützung der Vereinten Nationen ins Leben gerufen wurde. Die Mitgliedsstädte engagieren sich für humanitäre Aufgaben wie Flüchtlingsschutz und die Bekämpfung von Hunger und Armut in der Welt, in erster Linie aber wollen sie bis zum Jahr 2020 die Abschaffung sämtlicher Nuklearwaffen durchsetzen. Das mag man für naiv halten, aber meiner Meinung nach ist ein solches Ziel jeden Versuch wert. Außerdem ist unsere Stadt seit einigen Jahren Mitglied des Netzwerks *Städte der Zuflucht* (I.C.O.R.N., *International Cities of Refuge Network*), einem internationalen Städteverband, der politisch verfolgten Schriftstellern und Lyrikern Asyl, Unterkunft und einen geschützten Raum zum Schreiben bietet. In diesem Rahmen konnten wir im Herbst 2011 unseren ersten Gast, den palästinensischen Lyriker Mazen Maarouf begrüßen. Im Sommer 2012 war Reykjavík dann Austragungsort einer außergewöhnlichen Konferenz, die unter dem Titel *The Spirit of Humanity Forum* Menschen aus aller Welt nach Island brachte, damit sie ihre Ideen zu einer besseren und friedlicheren Zukunft austauschten. Wir als Planer und Initiatoren würden gerne auch weiterhin zu diesem jährlichen Forum einladen und hoffen, dass sich die Veranstaltung – ähnlich wie das Weltwirtschaftsforum in Davos – allmählich als feste Größe etabliert.

Auf der Insel Viðey in der Bucht von Reykjavík steht der *Imagine Peace Tower*, Yoko Onos »Friedenssäule«. Diese imposante Lichtinstallation wird jährlich am 9. Oktober, dem Geburtstag John Lennons, entzündet und schickt dann bis zum 8. Dezember, dem Tag seiner Ermordung, ihren gigantischen Lichtstrahl in den Himmel. Zu diesem Event reist die Künstlerin meist persönlich an, und mittlerweile ist diese Säule aus Licht ein fester Bestandteil des Reykjavíker Kulturlebens geworden. Jedes zweite Jahr wird in diesem Rahmen zusätzlich *The Lennon/Ono Grant for Peace*, eine internationale Friedensauszeichnung, verliehen – eine Zeremonie, bei der ich bereits zweimal dabei sein durfte. *Give Peace a Chance.*

Den Bewohnern von Reykjavík ist die Sonderstellung unserer Stadt im internationalen Kontext sehr wohl bewusst. Aber das Image der malerisch-bunten Spielzeugstadt reicht nicht mehr. Jetzt ist Business angesagt. Und genau da sollten wir ansetzen. Indem wir Reykjavík als Friedensstadt vermarkten, als internationales Zentrum für Konferenzen, Foren und alles andere, was mit Friedens- und Menschenrechtsarbeit zu tun hat.

Wer Frieden will, muss den Mund weiter aufmachen als andere. Frieden ist ein Grundrecht des Menschen, und so lange noch Kriege auf der Welt herrschen, können wir uns nicht guten Gewissens der hochzivilisierten Gattung Homo sapiens zurechnen. Deshalb sollten wir uns zum Ziel setzen, bestimmte Friedenszonen zu errichten, sie auszudehnen und über die ganze Welt zu verbreiten. Frieden darf nicht nur das Privileg einiger weniger Staaten sein, sondern ist das Recht jedes einzelnen Menschen. Und wenn wir dieses Recht durchsetzen wollen, kommt es auf jeden Einzelnen an. Auf uns alle. Mit Schweigen ist es nicht getan. Jetzt geht es darum, dass alle möglichen Leute – Personen der Öffentlichkeit, Celebrities, Leute in Führungspositionen, Bürgermeister, Präsidenten, Politiker und alle anderen – die Initiative ergreifen.

Ich bin seit vielen Jahren bei *Amnesty International* aktiv, und als ich Bürgermeister wurde, wäre es sicher naheliegend gewesen, dieses Engagement einstweilen zu unterbrechen. Jeder hätte das verstanden. Aber stattdessen beschloss ich, mich dort erst recht zu engagieren und meine Position ganz gezielt einzusetzen. Das gebe ich auch jederzeit gern öffentlich bekannt, nehme an Unterschriftensammlungen und Kundgebungen teil und bin immer dabei, wenn *Amnesty* irgendwelche Protestaktionen organisiert. In Gesprächen mit ausländischen Gästen spreche ich mich klar gegen Menschenrechtsverstöße in den jeweiligen

Ländern aus, besonders, wenn es um die Todesstrafe oder nukleare Aufrüstung geht – selbstverständlich immer auf höfliche Weise. Die meisten haben dafür ein erstaunlich offenes Ohr.

Vor Kurzem verabschiedete die Stadtverwaltung von Moskau ein Gesetz, das Gay-Pride-Paraden in der Öffentlichkeit unter Strafe stellt. Daraufhin richtete ich einen Brief an den Bürgermeister von Moskau – schließlich eine unserer Partnerstädte! –, um gegen diesen Beschluss zu protestieren. Ich forderte ihn auf, dieses ungerechtfertigte und völlig absurde Verbot wieder aufzuheben und den Einfluss seiner Position doch lieber dazu zu nutzen, Lesben und Schwule in ihrem Kampf für ein menschenwürdiges Dasein zu unterstützen.

In Sachen Gleichstellung von Homosexuellen gehört Island wahrscheinlich zur Weltspitze. Die Bürger von Reykjavík sind ungeheuer stolz auf ihren *Reykjavík Pride*, die *Hinsegin dagar*, mittlerweile das größte Stadt- und Straßenfest des Jahres. Ich selbst war bisher fast jedes Jahr aktiv dabei, und seit ich Bürgermeister bin (und darauf bin ich besonders stolz), habe ich es sogar zu meinem Markenzeichen gemacht, in wechselnden Drag-Outfits von einem schrill dekorierten Wagen herunterzuwinken. Vorletztes Jahr hatte ich eigentlich geplant, mich als Prinzessin Leia aufzubrezeln. Alles lag fix und fertig bereit, Kostüm, Perücke und sonstige Requisiten. Knapp zwei Stunden vor dem Startschuss zur Parade kam mir die spontane Idee, mir stattdessen eine Pussy-Riot-Maske überzuziehen, um meine Solidarität mit der russischen Punkrock-Band zu bekunden.

KONTAKTE ZU INTERNATIONALEN POLITIKERN

Als Bürgermeister möchte ich mir immer treu bleiben. Ich versuche, meinen Job so gut zu machen, wie es mir mein Gewissen erlaubt. Ich gebe mir Mühe, mich in komplizierte Sachverhalte einzudenken, auch wenn ich sie im Grunde stinklangweilig finde. Ich will unter allen Umständen vermeiden, unserer Stadt Schaden zuzufügen, indem ich fahrlässig, gedankenlos oder faul bin. Andererseits ist es für mich lebensnotwendig, Spaß zu haben, und wenn mir irgendwas Urkomisches einfällt, dann versuche ich das auch umzusetzen. Zum Beispiel, zu offiziellen Anlässen in schrägen Outfits zu erscheinen oder auf Facebook schräge Kommentare zu posten.

Politiker im Ausland nehmen mich in der Regel nicht wahr. Ich weiß zum Beispiel, dass man Obama über die *Beste Partei* informiert hat, aber offensichtlich hat ihn diese Nachricht nicht vom Hocker gerissen. Gewiss, Island ist ein kleines Land, dünn besiedelt und weit weg, weshalb ausländische Politiker wohl dazu neigen, mich zu übersehen oder als naiven Spaßmacher abzutun.

Mein Protestschreiben an den Bürgermeister von Moskau,

in dem ich das Verbot von Gay-Pride-Paraden kritisierte, war ausgesucht höflich formuliert. Ich habe trotzdem nie eine Antwort bekommen. Auch an Obama habe ich geschrieben, habe ihm meine Ideen zur »Friedensstadt Reykjavík« geschildert und ihn gebeten, uns als Standort für internationale Friedenszusammenkünfte im Hinterkopf zu behalten. Diesen Brief schrieb ich ihm als dem mächtigsten Mann der Welt, aber auch als Träger des Friedensnobelpreises. Auch aus dem Weißen Haus kam nie eine Reaktion.

In meiner Funktion als Bürgermeister von Reykjavík habe ich natürlich regelmäßig mit skandinavischen Politikern zu tun. Diese Kontakte waren immer nett und freundschaftlich, ohne dass man mir oder der *Besten Partei* nennenswertes Interesse entgegengebracht oder ein persönliches Gespräch mit mir gesucht hätte. Die einzigen politischen Gruppierungen, die mehr über mich erfahren wollten, waren die *Grünen* in Österreich und die deutsche *Piratenpartei*. Vielleicht bin ich den Politikern im Ausland nicht ganz geheuer. Sie können nicht einschätzen, mit was für einer Schnapsidee ich als Nächstes aufwarte, und befürchten, meine Mätzchen könnten bei ihnen zu Hause vielleicht zur Nachahmung anregen.

Der einzige prominente Intellektuelle, der echtes Interesse an mir zu haben scheint, ist der Sprachwissenschaftler und Politikexperte Noam Chomsky. Chomsky macht keinen Hehl daraus, dass er mich für den besten Bürgermeister *ever* hält – was mich natürlich ganz besonders ehrt. Als er in Reykjavík zu Gast war, trafen wir uns hier im Rathaus zu einem ergiebigen Gedankenaustausch, und seitdem ist der Kontakt nicht abgerissen.

Auf internationalen Konferenzen lässt man mich in der Regel mehr oder weniger links liegen. Das heißt, ich werde nicht unbedingt zu den obligatorischen Dinner-Empfängen eingeladen und wenn doch, stecken meist die Vertreter irgendwelcher Graswurzelbewegungen dahinter, die mich kennenlernen wollen. Das hat, sowohl in Europa wie auch in den Staaten, schon oft zu spannenden Begegnungen geführt, wie etwa mit den Leuten aus den inneren Kreisen der *Occupy-Wall Street*-Bewegung. Doch leider waren diese Kontakte, warum auch immer, nie von Dauer. Trotz allem bin ich weder verbittert noch von Groll zerfressen.

Meine Kontakte zu Vertretern anderer Staaten wie etwa China, Russland oder den Vereinigten Staaten waren immer angenehm und unkompliziert. Alle diese Botschafter und Generalkonsuln haben mir Achtung und Freundschaft entgegengebracht. Einen besonders guten Draht hatte ich zum US-amerikanischen Botschafter, Mr Luis Arreaga, der hier etwa zur selben Zeit sein Amt antrat wie ich – ein wirklich sympathischer Mensch.

Nach den Parlamentswahlen in Italien 2013, bei denen die Partei von Beppe Grillo ihren sagenhaften Erfolg verbuchen konnte, meldeten sich ein paar italienische Politiker bei mir. Beppe Grillo selbst und nicht zuletzt die Leute in seinem direkten Umfeld hatten verlauten lassen, ich sei für sie und ihre Partei immer ein Impulsgeber und eine Art Vorbild gewesen.

Aber ich bin natürlich kein Politiker. Ich bin bloß in die Politik hineingeraten. Jetzt könnte man sagen, sobald du dich bei einer demokratischen Wahl aufstellen lässt und gewählt wirst, bist du Politiker.

Ich weiß nicht, ob ich das unterschreiben würde. Alles in allem bin ich vielleicht so was Ähnliches wie der Curiosity-Rover. Ein Erkundungsfahrzeug auf einem fernen Planeten. Ist Curiosity ein Marsbewohner? Wurde er zum Marsbewohner, als er auf dem Mars landete? Wie lange muss man auf dem Mars gewesen sein, um als Marsbewohner durchzugehen? Gute Fragen.

BRIEF
AN OBAMA

Dear Mr President,

I sincerely congratulate you and your family on your victory in the US presidential election. The people of Reykjavík followed the elections with great interest and the majority of Icelanders were on your side.
Everything is going pretty well here in the City of Reykjavík after a few difficult years. The city is full of life and the atmosphere is positive. Recently, Reykjavík was designated as becoming UNESCO City of Literature, the fifth city in the world, and the first non-native English speaking city to receive this title. This was a great honor for our city because Icelanders see themselves as a nation of literature.
Iceland is also a peaceful nation, without an army, and I am eager to make Reykjavík a completely military free zone. I have a dream that Reykjavík could, in the future, become a center for peace and human rights in the world. As you know, Ronald Reagan and Mikhail Gorbachev held a remarkable meeting here in the Höfði House in the year 1986, which defined the end of the Cold War.

The unique artwork by the Japanese artist Yoko Ono, the Imagine Peace Tower, is located in Videy Island in Reykjavík. Every year, from the 9th of October until 8th of December, it shines in the sky with the Aurora Borealis, reminding us of Yoko's and John's hope for world's peace. I believe it is important for our city to recognize our obligation and contribute to promoting peace. Reykjavík is in a unique position to be a city of peace and I'd like to suggest that you have our city in mind if you need a place for a meeting, peace negotiations, meetings and conferences for peace, etc.
In the year 1972, Bobby Fisher and Boris Spassky met in Reykjavík to play chess. The match attracted more worldwide interest than any other chess match, before or since. Bobby Fisher moved to Iceland in 2005 and he lived here until his death in 2008. He suffered from personal difficulties during the last few years of his life and is buried at Laugardælakirkjugarður in Iceland.
The City of Reykjavík and the United States have a good relationship. The US Embassy in Reykjavík has truly achieved success in their work. The Ambassador, his honorable Luis E. Arreaga, is an active participant in the cultural life of our city and he is a very admirable representative of the USA. Seattle and Reykjavík are sister cities and Seattle was a special guest of honor at our last Culture Night, which is one of the main events in our city. Also, we received a visit from the City Council of Denver last summer, when Icelandair launched direct flights between the cities.
If I can assist you, or your great country, in any way, do not hesitate to contact me, send me an e-mail or call, and I will be at your service.

I know that you are a very busy man but if you are ever on the move it would be a pleasure and an honor to have the opportunity to meet with you and tell you about my ideas regarding our special city, Reykjavík. Please feel free to drop by for a cup of coffee; we have an airport in the middle of the city. Last year,your grandmother, Sarah, came to Iceland, unfortunately I didn't have the opportunity to meet her at that time but she is doing a very good job indeed.
I hope you are in good health and I wish you every success in the future.

Regards,
Jón Gnarr,
The Mayor of Reykjavík

PS. I know you're a big fan of *The Wire*, and so am I. I had the honor to meet Clark Peters (Lester Freemon) when he was in Iceland this summer to participate in the peace conference, Spirit of Humanity Forum.

Der Brief von Jón Gnarr an Präsident Obama stammt vom 19. November 2012.

DIE NATO

Am 30. März 1949 unterzeichnete das isländische Althingi trotz heftiger Proteste aus der Bevölkerung Islands Beitritt zur NATO. Ich habe nie verstanden, was Island in der NATO zu suchen hat. Jahrzehntelang hatte die US-Army ihren Militärstützpunkt in Keflavík, bis ihnen im Jahr 2006 aufging, dass es hier eigentlich gar nichts für sie zu tun gab, woraufhin sie zusammenpackten und abzogen. Wie es heißt, dient unsere NATO-Mitgliedschaft dazu, damit uns, falls wir angegriffen werden, jemand verteidigt. Wer sollte uns denn angreifen? Und wozu? Mal angenommen, Nordkorea würde in Island einmarschieren. Würden unsere Freunde in den Staaten und in Europa uns dann im Stich lassen, bloß weil wir unseren jährlichen Mitgliedsbeitrag noch nicht bezahlt haben?

Ich bin bedingungslos für Islands Austritt aus der NATO. Sicher, die NATO ist eine in vielerlei Hinsicht notwendige Organisation, und ich kann verstehen, warum Amerikaner, Franzosen, Deutsche und andere Militärnationen dazugehören wollen. Aber was hat Island in diesem Kreis verloren? Deshalb bin ich der Meinung, wir sollten einen Weg finden, uns taktvoll und diskret aus diesem Verein zu verabschieden.

Aber weil wir nun mal in der NATO sind, machen hier

regelmäßig Militärflugzeuge und Kriegsschiffe Station, entweder, um Öl zu tanken, oder einfach, um uns einen NATO-internen Höflichkeitsbesuch abzustatten. Kurz nach meinem Amtsantritt erfuhr ich, dass vom Bürgermeister traditionell erwartet wird, die Offiziere ausländischer Kriegsschiffe zu einem feierlichen Empfang ins Rathaus einzuladen. Daraufhin erklärte ich, derartige Empfänge werde es bei mir nicht geben und ich hätte auch nicht vor, entsprechenden Gegeneinladungen zu folgen. Kriegsschiffe, die als Schulschiff oder Küstenrettungsfahrzeug eingesetzt werden, besuche ich dagegen sehr gerne, und so weit ich weiß, haben die Verantwortlichen dieser Schiffe volles Verständnis für meine Position. Nun suche ich nach einem Weg, wie man die übrige Kriegsmarine in Zukunft von Island fernhalten und in andere Häfen manövrieren könnte.

Auch der Inlandsflughafen in Reykjavík wird stark für militärische Zwecke genutzt, etwa als Zwischenstation für Militärmaschinen, und durch den amerikanischen Geheimdienst, der diesen Flughafen im Rahmen von Gefangenentransporten nutzt. Ich habe bei unserer Regierung einen förmlichen Antrag gestellt, jede Art von militärischer Nutzung des Flughafens zu stoppen, und das Abkommen ist bereits unterschrieben. Aber merkwürdigerweise scheint das bisher keine Auswirkungen zu haben.

Natur, Kultur, Frieden und Menschlichkeit, das sind die Fixpunkte in meinem Leben – als Bürgermeister, aber auch und vor allem als Mensch. Ich träume davon, Reykjavík eines Tages zu einer hundert Prozent militärfreien Zone deklarieren zu können. Achtsamkeit und Respekt für andere, für Familie, Freunde und alle Menschen um uns herum, ist die Grundsubstanz einer jeden Gesellschaft. Menschlichkeit steht immer ganz oben auf der Liste, denn ohne Menschlichkeit ist alles andere zwecklos, ob Religionen, politische Bewegungen oder was auch immer.

NEUE PERSPEKTIVEN

Ich werde immer wieder gefragt, ob mich das Bürgermeister-Sein irgendwie verändert hat. Ob mich dieser Posten zu einem anderen Menschen gemacht hat. Die Antwort lautet schlicht und einfach: nein. Verändert hat mich das hier überhaupt nicht. Natürlich bin ich reifer geworden, habe dazugelernt und verstehe das ein oder andere besser als vorher. Aber was meinen Charakter angeht – der hat sich kein bisschen verändert. Ich bin weder frustriert noch beleidigt oder verbittert, und ich trage niemandem etwas nach. Nicht mal denen, die mir das Leben schwer gemacht haben. Was dieses Amt am meisten kennzeichnet, mehr als alles andere, ist Müdigkeit. Ich war noch nie in meinem Leben so unendlich müde. Und ich war schon ziemlich oft müde. Mein jüngster Sohn war in seinen ersten Lebensjahren sehr krank, und während dieser Zeit bekam ich permanent zu wenig Schlaf und war in ständiger Sorge. Aber nie zuvor habe ich eine so abgrundtiefe, bleischwere Müdigkeit erlebt wie in diesem Job. Eine Müdigkeit, die den ganzen Körper durchdringt. Die sich überall festsetzt, in den Zehen, im Herz und im Gehirn, in den Armen, im Schwanz. Müdigkeit in den Ohren, in den Augen. In der Haut.

Nach ein paar Monaten im Amt hatte ich die spontane Idee, mir das Stadtwappen von Reykjavík auf den Unterarm tätowieren zu lassen – um zu dokumentieren, dass ich meine Aufgabe ernst nahm und mich voll und ganz mit meiner Stadt identifizierte. Aber offenbar war ich in Sachen Hygiene etwas nachlässig gewesen, sodass sich die Tätowierung prompt infizierte. Eine Zeit lang biss ich die Zähne zusammen, versuchte so zu tun, als ob nichts wäre, und hoffte, das werde sich von selbst wieder einrenken. Aber dann, auf einer Konferenz in Schweden, klappte ich mit starken Schmerzen und hohem Fieber zusammen und landete mit einer Blutvergiftung und einer schweren Infektion in einer Stockholmer Klinik. Daraufhin flog ich nach Hause, wurde hier ins Landeskrankenhaus eingewiesen und an den Tropf gehängt – Antibiotika direkt in die Vene. Der behandelnde Arzt sprach von akuter Stressbelastung, und so etwas könne leicht das gesamte Abwehrsystem lahmlegen.

Natürlich wirkt sich dieser Bürgermeistertrip auch ganz direkt auf mein Privat- und Familienleben aus. So sind diese Jobs nun mal. Mein Arbeitstag dauert in der Regel von acht bis fünf, abends müssen E-Mails beantwortet und Berichte gelesen werden, und die Wochenenden gehen für Empfänge und verschiedene andere Verpflichtungen drauf. Anscheinend gibt es Politiker, denen es Spaß macht, sich mit ihren Kindern in der Öffentlichkeit zu zeigen. Ich selbst versuche das auf ein absolutes Minimum zu begrenzen. Meinen Jüngsten nehme ich nirgendwohin mit, es sei denn, es handelt sich um etwas besonders Lustiges und Spannendes oder er bittet selbst ausdrücklich darum. Hier in der Stadtverwaltung zum Beispiel hat er nichts zu suchen.

Manchmal überfällt mich grenzenlose Traurigkeit und Verzweiflung, und dann gebe ich mich, sehr zum Unmut meiner Mitarbeiter, hemmungslos meinem Selbstmitleid hin. Mein Kopf scheint kurz vor dem Zerplatzen, und ich habe das Gefühl, mich auf etwas eingelassen zu haben, das ich niemals auch nur ansatzweise verstehen werde. Dann sehne ich mich nach meinem alten Leben. Es ist alles andere als einfach, Optimismus und Humor nicht zu verlieren.

Ich habe im Lauf meines Lebens schon alles Mögliche auf die Beine gestellt, erfunden, geschrieben und verzapft, seien es Theaterstücke, Sketche oder TV-Serien oder Bücher, aber mittlerweile glaube ich, die *Beste Partei* ist so ziemlich das Genialste, was ich bisher zustande gebracht habe. Ich habe Mut bewiesen, Schaffenskraft sowie Kreativität. Woher diese Energie kommt, weiß ich selbst nicht so genau. Ich freue mich jedes Mal, wenn meine Person oder die Stadt Reykjavík in ausländischen Medien groß rauskommen, denn dann spüre ich: Das, was ich hier mache, hat einen tieferen Sinn. Ich glaube nicht an Gott oder an ein Leben nach dem Tod. Aber ich bin ein verdammt zäher Vertreter unserer Art. Als Tier wäre ich wohl ein Eisbär. Vielleicht stamme ich auch in direkter Linie von den Neandertalern ab. Vielleicht habe ich einfach ein Neandertaler-Gen, das mich immer in Bewegung hält.

DIE WELT WIRD BESSER UND BESSER

Anders, als viele glauben, wird die Welt immer besser. Die Kriege werden weniger, und die Menschheit entwickelt immer wirksamere, ausgefeiltere Methoden, um Frieden zu schaffen und ihn zu sichern. Der Demokratie gehört die Zukunft, aber wie gut diese Demokratie funktioniert, hängt davon ab, wie viele von uns daran aktiv teilnehmen. Wenn es zu wenige sind, wird die Demokratie platt und banal. Wenn daraus gleich eine Massenbewegung entsteht, läuft sie wiederum Gefahr, schwerfällig und kostspielig zu werden.

Natürlich kann Demokratie auch bodenlos langweilig sein. Wer kennt sie nicht, diese Versammlungen, die gerne abends nach der Arbeit oder am Wochenende stattfinden und bekanntlich ein klassischer Tummelplatz für komische Käuze jedweder Art sind, denen es in erster Linie darum geht, sich im Glanz ihrer eigenen Worte zu sonnen, anstatt irgendwas zur Diskussion beizutragen.

Seit ich im Amt bin, habe ich zahlreiche Bürgerversammlungen und Info-Abende organisiert, die dazu gedacht waren, den Bürgern bestimmte Ideen, Pläne oder Konzepte nahezubringen und anschließend Fragen zu dem betreffenden Projekt zu beantworten. Man kann jede Wette eingehen, dass früher oder später irgendein schräger Vogel auftaucht, das Wort an sich reißt und, anstatt eine einfache Frage zu stellen, die Anwesenden mit einem langatmigen Erfahrungsbericht aus seinem Leben anödet. Irgendwann hakt der Diskussionsleiter ein und fragt, ob er dazu eine konkrete Frage stellen wolle, der Typ sagt ja, faselt weiter und kommt nach zehn bis fünfzehn Minuten allmählich zum Schluss, der jedoch nicht etwa in eine Frage mündet, sondern sich in allgemeinen, weitschweifigen Betrachtungen über Gott und die Welt verliert.

Der größte Haken an der Demokratie ist, dass dumme Menschen ebenso das Recht auf freie Meinungsäußerung haben wie intelligente und dass man die Dumpfbacken natürlich genauso respektvoll behandeln muss. Mit »Dumpfbacken« meine ich nicht unbedingt Leute, die ein bisschen einfach gestrickt sind, auch keine geistig Behinderten oder Ähnliches. Ich rede von denen, die schlecht vorbereitet sind und es viel mehr darauf anlegen, sich selbst ins rechte Licht zu rücken, als sich um das Allgemeinwohl oder eine Problemlösung verdient zu machen. Wen wundert es da, dass die junge Generation bei solchen Versammlungen in der Regel durch Abwesenheit glänzt?

Wozu sollte man auch etwas, das man für relevant hält, in einer geschlossenen Gruppe von 50 bis 100 Leuten diskutieren, wenn du genau dasselbe über Facebook oder Twitter verbreiten kannst und damit Tausende erreichst? Und wo sich unerwünschte Labertaschen mit einem Klick blockieren lassen. Wenn wir mit unserer Demokratie Erfolg haben wollen, dann muss jeder bei sich, in seinem unmittelbaren Umfeld anfangen, in der Schule oder Uni, am Arbeitsplatz, in deinem Stadtteil, deinem Dorf oder deiner Stadt. Die Politik der Zukunft ist die Lokalpolitik, es sind die städtischen und kommunalen Angelegenheiten. Was nicht heißen soll, dass öffentliche, demokratische Zusammenkünfte der Vergangenheit angehören – aber man muss sie anders aufziehen. Die Bürgerversammlung von heute ist ein zielgerichteter, fachlich fundierter Austausch sorgfältig vorbereiteter Teilnehmer, der infolgedessen auch die erwünschten Ziele erreicht. Bürgerdemokratie ist nach wie vor ebenso wichtig wie direkte Demokratie: Wir brauchen das eine wie das andere, denn beides ist lebensnotwendig.

Im alten Athen hat das mit der direkten Demokratie zum Beispiel hervorragend funktioniert – dort durfte sich jeder einzelne Bürger zu jeder Frage äußern und seine Stimme abgeben. Abgesehen davon, dass Frauen und Sklaven dabei natürlich außen vor blieben, hatten die alten Griechen eine der fortschrittlichsten Formen von Demokratie überhaupt. Auch wenn sich von den rund 40.000 Einwohnern Athens nur etwa 5000 aktiv einbrachten, zeigt dieses Beispiel, dass direkte Demokratie funktionieren kann, wenn ein bestimmter Prozentsatz der Bürger bereit ist, die nötige Zeit und Energie zu investieren. Und dazu wiederum müssen die Leute den Wert dieser persönlichen Einmischung erkennen. Interessant ist auch, dass gerade die Komiker in der attischen Demokratie eine wichtige Rolle spielten und die Meinungsbildung im Volk entscheidend beeinflussten. Die Leute besuchten die aktuellsten Komödien und verschafften sich Einblick in die Fragen und Probleme, die gerade in aller Munde waren.

Wenn wir heute unsere Demokratie reformieren, sie insgesamt verbessern wollen, sind wir auf das Internet angewiesen. Nur auf digitalem Weg können wir in diesem Punkt nachhaltig etwas bewegen – und gleichzeitig Kosten und Zeitaufwand auf ein Minimum begrenzen.

So gesehen ist die Plattform *Betri Reykjavík*, die wir im Oktober 2011 in der Reykjavíker Innenstadt öffentlich vorgestellt und eingeweiht haben, eine kleine Revolution. Sie entstammt der Ideenschmiede von Gunnar Grímsson und Róbert Bjarnason, zwei talentierten Computernerds, und verbindet einen stadtteilbezogenen Info-Pool mit einer thematisch geordneten Ideenbörse, an der sich jeder und jede beteiligen kann. Seit ihrer Freischaltung wurde die Webseite im In- wie im Ausland vielfach ausgezeichnet, unter anderem mit dem »Isländischen Internet-Preis« für den originellsten und interessantesten Webauftritt sowie – als erster isländischer Teilnehmer – mit dem internationalen *World eDemocracy Award* 2011. Mittlerweile ist das Portal seit gut zwei Jahren online und erfreut sich stetig wachsender Teilnahme und Beliebtheit.

An Fragen zu Plänen und Projekten im eigenen Stadtviertel erhitzen sich bekanntlich die Gemüter. Auf *Betri Reykjavík* findest du alle wichtigen Informationen zu solchen Fragen auf einen Blick. Du kannst die Ideen, Meinungen und Vorschläge der anderen lesen, kannst dich mit dem geplanten Konzept auseinandersetzen, eigene Ideen vorstellen und dann dafür oder dagegen stimmen. Anstatt zwei Stunden in irgendeinem muffigen Büro unten in der Stadt zu verbringen, Automatenkaffee zu trinken und dir von einem Angestellten öde Anekdoten aus seinem Privatleben erzählen zu lassen, bleibst du gemütlich und in aller Ruhe zu Hause vor dem Rechner sitzen, wenn du willst auch in Unterhosen, und hast innerhalb von zehn Minuten ein Feedback auf deine Fragen. Die Möglichkeiten, die ein solches Web-Portal eröffnet, sind geradezu unerschöpflich, und dementsprechend hat der Erfolg von *Betri Reykjavík* auch schon bis ins Parlament Wellen geschlagen.

Darüber hinaus haben wir Direktwahlen zu Bauprojekten und Sanierungsarbeiten in den einzelnen Stadtteilen eingeführt – die ersten digital durchgeführten Bürgerentscheide in Island. Die Wähler melden sich mit ihren persönlichen Zugangsdaten an, loggen sich ein und geben ihre Stimme ab. Dieses Wahlverfahren, gewissermaßen ein erster Schritt in Richtung *Participatory budgeting* (Partizipative Haushaltsplanung), eröffnet ganz neue Wege und Perspektiven.

Leider ist aber auch direkte digitale Demokratie keine Absicherung gegen Lobbyismus und Korruption. Große Interessengruppen und Organisationen werden nach wie vor unbehelligt ihre eigenen Schäfchen ins Trockene holen können – nur dass das nun auf offener Bühne passiert anstatt durch geheime Absprachen hinter verschlossenen Türen irgendwelcher Hinterzimmer. Transparente Korruption sozusagen. Falls irgendwo der Verdacht aufkommt, dass etwas nicht ganz sauber ist, steht es selbstverständlich jedem Einzelnen frei, nachzuhaken und die Betreffenden zur Rede zu stellen. Ich weiß aus eigener Erfahrung, dass sich Dinge, die man gar nicht erst versucht zu verschleiern, irgendwann von ganz alleine im Normalbereich einpendeln. Die Leute dahin zu bringen, auf diese simple Art und Weise Eigenverantwortung zu übernehmen, ist im Grunde auch nicht komplizierter, als sie zur Mülltrennung anzuhalten. Sie müssen bloß das Prinzip verstanden haben und den Nutzen ihrer Mitarbeit erkennen. Dabei ist es durchaus legitim, gewisse Druckmittel anzuwenden und zum Beispiel damit zu drohen, diese Chance zur Mitbestimmung wieder abzuschaffen, falls die Wahlbeteiligung unter einen Mindestprozentsatz rutscht. Das mögen Feinheiten sein, die erst bei der konkreten Ausführung aktuell werden, dann aber funktionieren sie in der Regel ausgezeichnet: Wer sich weigert, seinen Müll zu trennen oder schlicht zu faul dazu ist, kriegt zunächst mal ein paar freundliche Aufforderungen. Und wenn auch das nichts nützt, wird seine Mülltonne eben nicht mehr geleert.

UNTERDRÜCKUNG

Für mich ist ein Mensch zunächst mal ein Mensch. Nationalität, ethnische Herkunft, Geschlecht und sexuelle Orientierung sind mir egal. Menschen sind Menschen. Dabei will ich nicht behaupten, dass ich völlig frei von Vorurteilen wäre. Vorurteile sind wahrscheinlich genauso menschlich wie alles andere. Unser Gehirn leitet aus den Informationen, die es bekommt, gewisse Schlussfolgerungen ab, um uns vor Gefahren schützen zu können. Sind diese Informationen begrenzt, fallen auch die Schlussfolgerungen eher schlicht aus, und dann stellen wir die eigene Sicherheit und Bequemlichkeit gerne an erste Stelle.

Ich hatte in meinem Leben schon mit den unterschiedlichsten Menschen zu tun. Mit Menschen jeglicher Nationalität, Männern wie Frauen, Schwulen und Lesben, Leuten mit Transidentität. Ich käme nie auf die Idee, sie irgendwelchen starren, wertenden Kategorien zuzuordnen. Ich kann an diesen Menschen beim besten Willen nichts entdecken, woran sich eine solche Einteilung festmachen ließe. Schon gar nicht anhand von Äußerlichkeiten wie Aussehen, Kleidungsstil, politischer oder religiöser Überzeugung und dergleichen.

Am 7. Juli 2005, dem Tag, an dem die Bombenanschläge in der Londoner U-Bahn die Weltöffentlichkeit erschütterten, war ich zufällig selbst gerade dort unterwegs. Noch Tage und Wochen danach schien die Stadt wie gelähmt; Angst, Verunsicherung und Misstrauen waren mit Händen zu greifen. Die Täter waren junge radikale Islamisten, und besonders eine Szene werde ich nie vergessen: Ich saß in der U-Bahn, als plötzlich ein junger Mann einstieg, dem Aussehen nach arabischer Herkunft und mit einem kleinen Rucksack über der Schulter. Mein Herz begann zu rasen. Meine erster Impuls war, an der nächsten Station auszusteigen und einen anderen Zug zu nehmen, einen ohne Araber. Aber das wäre lächerlich gewesen, also blieb ich, wo ich war, ein Bündel aus Anspannung, Misstrauen und Angst. Was, wenn der Typ einen Sprengsatz im Rucksack hatte? Ich versuchte mich unauffällig zwischen den anderen Fahrgästen hindurchzuschieben, um den Abstand zwischen ihm und mir zu vergrößern. Sollte er jetzt plötzlich anfangen, »Allah Akhbar« durch das Zugabteil zu brüllen, würde ich mich einfach zwischen den Sitzreihen auf den Boden werfen. Ich meinte zu beobachten, dass ich nicht der einzige Fahrgast war, dem es so ging. Der junge Araber stand allein am anderen Ende des Abteils und hatte auf einmal sehr viel Platz, obwohl die U-Bahn brechend voll war. Alle gingen unwillkürlich auf Abstand. Und genau das sind Vorurteile. Die natürliche Schutzreaktion des Gehirns bei mutmaßlich drohender Gefahr. Zu meiner großen Erleichterung hatte der Rucksackträger dann doch keine Bombe dabei. Er stieg an derselben Station aus wie ich und schlenderte in aller Ruhe davon.

Hinterher schämte ich mich ein bisschen, aber mittlerweile habe ich mich damit abgefunden und sage mir, dass es sich um ganz natürliche menschliche Reaktionen handelt. Menschen gibt es in unzähligen verschiedenen Spielarten, und genau das ist das Faszinierende an menschlicher Kultur und Gesellschaft.

Aber warum bedienen Menschen sich dieser oberflächlichen Kriterien, um ihre Mitmenschen abzukanzeln? Ich nehme an, auch hier steckt wieder unser angeborenes, tief verwurzeltes Sicherheitsbedürfnis dahinter. Mit anderen Worten: In vertrauter Umgebung fühlen wir uns am wohlsten, dort, wo alle so aussehen wie wir, sich so verhalten wie wir und so denken wie wir. Wo wir immer ungefähr wissen, was wir zu erwarten haben. So gesehen sind Vorurteile einfach die Überreste unserer primitiven Natur und somit völlig normal.

Genau hier kommt der Egoismus ins Spiel. Wenn wir eine Chance wittern, andere für unsere eigenen Interessen auszunutzen, dann möchten wir diese Chance gerne wahrnehmen. Ich will das keineswegs verteidigen und bemühe mich auch selbst, solchen Verlockungen möglichst zu widerstehen – aber nachvollziehen kann ich das sehr gut. Ich verstehe, welche inneren Kräfte wirken. Ich verstehe, warum Frauen in manchen Ländern unterdrückt und als Menschen zweiter Klasse behandelt werden, warum sie keine Rechte haben, bevormundet und gegängelt werden und sich einem starren, willkürlichen Regelwerk unterwerfen müssen. Das alles finde ich grundfalsch und zutiefst verachtenswert, aber ich kann es verstehen. Männer wollen, aus purem Egoismus natürlich, die Frauen möglichst kurz halten, um sie leichter für ihre sexuellen Interessen ausnutzen zu können. Besonders gut funktioniert das über die religiöse Schiene. Nur eines wird mir wohl immer ein Rätsel bleiben: Die sogenannte Homophobie. In meinen Augen die denkbar größte Verirrung. *Phobie* kommt aus dem Griechischen und bedeutet »Angst«. Wer an Arachnophobie leidet, hat Angst vor Spinnen. Absolut verständlich. »Homophobie« dagegen steht auf einem ganz anderen Blatt. Hier geht es nicht etwa um Leute, die in ihrer Jugend mal in eine Schwulenbar geraten sind, dort den Schrecken ihres Lebens abgekriegt haben und das nie verarbeiten konnten. Der überwiegende Teil dieser sogenannten Homophobiker sind das, was man landläufig als Spießer bezeichnet. Deshalb ist Homophobie keine Phobie, sondern Dummheit und Intoleranz. Und vor allem Egoismus. Diese Leute haben sich irgendein abstruses Weltbild zusammengebastelt, eine naive Theorie über das Leben, Gott und die Welt und den ganzen Rest. Was geht es mich an, ob mein Nachbar schwul ist oder nicht? Nicht die Bohne. Genauso wenig wie, ob er vielleicht Trachtenpüppchen sammelt. Ich finde eine lesbische Frau genauso normal wie eine, die Pfeife raucht. Ich finde es einfach spannend, wie verschieden die Menschen sind, und kann beim besten Willen nicht begreifen, was an Lesben und Schwulen »unnatürlich«, also »gegen den Willen der Natur« sein soll. Was schon deshalb völliger Quatsch ist, weil die Natur selbst gar keinen Willen hat, geschweige denn irgendwelche Pläne und Vorsätze. Dafür ist Mutter Natur offen für die verschiedensten Merkmale, Eigenheiten und ihre Spielarten, und was sich davon nicht bewährt, wird mittels Selektion eben wieder aussortiert. Wie man weiß, lässt sich Homosexualität seit frühester Vorzeit nachweisen und ist somit ein natürlicher

Bestandteil der Evolutionsgeschichte. Würde sie den Gesetzen der Natur zuwiderlaufen, dann hätte die Natur selbst sie längst wieder zum Verschwinden gebracht, und sie wäre heute genauso ausgestorben wie viele andere Naturerscheinungen von den Dinosauriern bis zum Neandertaler.

Gleichgeschlechtlichen Paaren weniger Rechte einzuräumen als jedem anderen Paar ist etwa so abwegig, wie einem weißen Mann zu verbieten, mit einer schwarzen Frau zusammenzuleben. Genau das war tatsächlich einmal in großen Teilen der Welt verboten oder zumindest nicht gern gesehen. Dasselbe wird auch mit der Einstellung zur Homosexualität passieren. Wenn ich Kundgebungen sehe, bei denen sich Leute erbittert gegen die Gleichstellung von Lesben und Schwulen wehren, muss ich immer an die Unruhen in den amerikanischen Südstaaten zu Anfang des letzten Jahrhunderts denken, als irgendwelche rückständigen Hillbillys gegen die Gleichberechtigung der Schwarzen protestierten.

Wenn du zu Hause in deinem Wohnzimmer sitzt und darüber grübelst, ob der Typ von nebenan vielleicht schwul ist, ob die Frau, die unter dir wohnt, wohl Pfeife raucht oder dein Chef Trachtenpüppchen sammelt, dann solltest du dir professionelle Hilfe suchen.

Dasselbe gilt für Transgender-Menschen jeder Variation, Transidente, Cross-Dresser, Dragkings und -queens. Auch diese Geschlechtervielfalt ist völlig natürlich und wie sie gelebt wird ungemein kreativ. Ich selbst habe, seit ich denken kann, eine Schwäche für Frauenkleider – für einen Schauspieler und Comedian natürlich ein absolutes Plus. Mich als Frau zu stylen wirkt auf mich irgendwie befreiend.

Woher dieser Kostümfimmel kommt, kann ich nicht genau sagen. Ich bin fast ausschließlich unter Frauen aufgewachsen. Meine Mutter und ihre Schwestern waren meine wichtigsten Bezugspersonen. Papa war meistens auf der Arbeit, und wenn er mal zu Hause war, lief er dort gewöhnlich in seiner Uniform herum. Viele behaupten, die verschiedenen Frauentypen in meinem Repertoire mühelos zuordnen zu können. Meine Schwester zum Beispiel tut sich enorm schwer, mich in Frauenrollen auf der Bühne zu sehen, weil sie dann glaubt, sich selbst zuzuschauen. Dabei mache ich mir eigentlich nur die Redeweisen und die Körpersprache zunutze, die mir sowieso im Blut liegen.

Als meine Mutter starb, machte ich eine schwere Identitätskrise durch. Es war, als wäre etwas Wesentliches, ein Teil meines Inneren, plötzlich aus meinem Leben herausgeschnitten. Ich verlor nicht nur den Kontakt zu meinen »Ursprüngen«, sondern auch einen Teil von mir selber, der mit ihr gestorben zu sein schien. Als wir ihren Nachlass ordneten, wollte ich unbedingt ihre Schminksachen behalten. Und in den Wochen nach ihrem Tod hatte ich immer wieder das plötzliche Bedürfnis, ihren Lippenstift aufzulegen und ihren Nagellack zu benutzen. Ein paarmal tauchte ich sogar bei einer Sitzung oder einem Meeting im Rathaus mit geschminkten Lippen und lackierten Nägeln auf, was vielen unangenehm war oder unpassend erschien. Für mich dagegen war das ein völlig natürlicher Ausdruck, wie sehr ich Mama vermisste. Irgendwann erkannte ich, dass es in Wirklichkeit andersherum war: Nicht ein Teil von mir war mit ihr gestorben, sondern ein Teil von ihr lebte in mir weiter.

Mit meiner sexuellen Identität hat das hingegen überhaupt nichts zu tun. Frauenkleider zu tragen hat für mich keinerlei sexuelle Komponente. Natürlich habe ich volles Verständnis für Menschen, bei denen das der Fall ist, weil sie im falschen Körper geboren sind; Frauen, die sich in einem Männerkörper eingesperrt fühlen oder umgekehrt. Es ist noch gar nicht lange her, da waren diese Menschen dazu verurteilt, ihr Dasein in tiefer Verzweiflung und lebenslanger Identitätsverwirrung zu fristen. Auch hier haben die Religionen im Lauf der Jahrhunderte unendlich viel Leid und Schaden angerichtet.

»Gott ist eine Frau«, sagen manche.

Nein, ist er nicht. Gott ist ein Mann. Ein engstirniger, geiler alter Kerl.

Ich befürchte, dass religiöse Überzeugung – im schreienden Gegensatz zu dem, was gepredigt wird – allzu oft mit Egoismus und Selbstverliebtheit zu tun hat. Viele lassen sich von Religion nur deshalb faszinieren, weil sie sich nicht damit abfinden können, dass nach dem Tod alles vorbei ist. Also möchten sie an etwas glauben, aber nicht aus Nächstenliebe, sondern um sich für die Unsterblichkeit vormerken zu lassen. Daher kommt es auch nicht von ungefähr, dass der Gott des Alten Testaments ein so zorniger und strafender Gott ist. Wir sollen Angst vor ihm haben. Du sollst Gott, deinen Herrn fürchten. Wie einer, der im Flugzeug sitzt und höllische Angst vorm Fliegen hat. Grundlose Angst ist purer Egoismus. Sobald dieselbe Person wieder festen Boden unter den Füßen hat, wird sie den vorbeifliegenden Flugzeugen seelenruhig hinterherschauen, und alles ist gut – denn sie ist ja selbst nicht an Bord. Deshalb glaube ich nicht daran, dass Religionen dazu taugen, die Menschheit zu vereinen. Stattdessen neigen sie dazu, Hass und Feindschaft zu säen, sie beruhen zum großen Teil auf Egoismus, Panikmache und Massensuggestion, und all das hat die Menschen noch nie zusammengeführt, sondern ganz im Gegenteil. Und hier kommt der Anarchismus wieder ins Spiel. Als ich beschloss, mich auf das politische Schlachtfeld zu wagen, schwebte mir etwas vor, das sich nur schwer auf den Punkt bringen, nur schwer erklären und definieren lässt. Alles im Leben ist relativ. Das perfekte System, das für alles eine Lösung hat und die Welt wieder ins Lot bringt, gibt es nicht. Deswegen versuchen Gruppierungen und Organisationen jeglicher Art – Vereine, Glaubensgemeinschaften, politische Bewegungen oder Schulen –, sich eine Struktur zu schaffen, sie zu verfeinern und zu einem lebenden Organismus zu entwickeln. Leider neigt dieser Organismus oder diese Erscheinung dazu, den Blick immer auf sich selbst zu richten und in blinder Selbstanbetung zu erstarren. Deshalb hat dieses Wesen, diese Amöbe oder wie immer wir es nennen wollen, vorn keine Augen, denn nach vorn schaut die Amöbe so gut wie nie. Und so kann sie auch die anderen Amöben nicht sehen und keinen Kontakt mit ihnen aufnehmen, weil auch diese nur sich selbst vor Augen haben. So gesehen sind solche Systeme wie die Zellen unseres Körpers. Und wie der Körper sich einen Virus einfangen kann, sind auch sie allen möglichen Bedrohungen ausgesetzt. Naturgemäß reagieren sie darauf, indem sie sich nach außen verteidigen und so ihre Schwächen kompensieren.

Ich bin so ein Virus. Ich war schon als Kind ein Virus,

ich war ein Virus in der Schule, und ich bin ein Virus in der Politik. Ich bin ein Troll unter Menschen. Ich bin Anarchist. Nicht, weil ich den Anarchismus für das perfekte System halte. Sondern weil das perfekte System nicht existiert.

UND JETZT?

Wie lautet unser Fazit? Um was geht es hier überhaupt? Was ist wesentlich, und was nicht?

Trotz allem Medienrummel sehe ich mich keineswegs als Begründer einer neue Generation von Politikern, und ich versuche auch schon lange nicht mehr, mir irgendeine schlaue Ideologie zurechtzubasteln. Schon als kleiner Junge hatte ich eine Abneigung gegen alles, was mit Wettkampf und Konkurrenz zu tun hat. Ich hatte einfach keine Lust, irgendwo der Beste zu sein. Weder beim Fußballspielen noch beim Tanzen, noch bei sonst irgendwas. Der wahre Sieger des Spiels ist für mich der, der am meisten Spaß dabei hat, und das gilt längst nicht nur im Sport, sondern auch für das Leben als solches. Als ich mich zum Punk bekannte, war das ein klares Statement, mit dem ich mich ein für alle Mal ausklinken wollte aus diesem ganzen erfolgsorientierten, konkurrenzfixierten Leistungsdenken.

Das Leben ist vor allem dazu da, es zu genießen und möglichst viel Spaß zu haben, aber dazu müssen wir selbst aktiv werden und uns was einfallen lassen. Das muss nichts Atemberaubendes sein – es reicht, wenn es überrascht. Unplanmäßiges kommt immer gut an, denn echte Überraschungen werden immer seltener. Deswegen veranstalten wir regelmäßig *SURPRISE PARTYS.*

Wenn ich überhaupt an irgendetwas glaube, dann ist das die Demokratie. Demokratie ist der Schlüssel zu einer fortschrittlichen Gesellschaft. Ich glaube an die direkte Demokratie. Genauer: die direkte digitale Demokratie. Die Gefahr an der Demokratie ist nur dieser Irrglaube, dass wir bloß eine fähige Leitfigur brauchen, und die Sache wäre geritzt. Aber solche Spitzenleute gibt es nur, weil alle anderen sich davor scheuen, Verantwortung zu übernehmen, oder schlichtweg zu faul dazu sind. *Let's face it:* Die meisten von uns wollen sich viel lieber die neue Folge von *The Walking Dead* reinziehen, als zu irgendeiner Bürgerversammlung zu latschen. Das ist einfach so. Das Internet hat die Welt verändert, und es ist dabei, auch die Demokratie zu verändern. Das Internet hat Obama zum Präsidenten der Vereinigten Staaten gemacht, und es hat den Arabischen Frühling entfesselt.

Wenn du den Leuten das richtige Werkzeug in die Hand gibst, um sich auf schnelle, unkomplizierte Art über den eigenen Computer aktiv in die Demokratie einzuklinken, dann werden sie das höchstwahrscheinlich auch tun. Aber auch hier gibt es leider ein paar Stolpersteine. Zum Beispiel muss verhindert werden, dass dies zum Einfallstor für Lobbyisten oder große politische Vereinigungen wird, die auf diesem Weg ihre Macht ausbauen wollen. Aber zunächst gilt es, Mittel und Wege zu finden, die Bürger zum Mitmachen anzuregen und dazu, ihre eigenen Ideen einzubringen. Wie wäre es zum Beispiel, wenn man die Teilnahme mit einer Art Gewinnspiel verbinden und mit 100, oder auch 500 attraktiven Preisen locken würde? 100 iPods oder so was? Haben wir nicht alle schon mal irgendwo einen Fragebogen ausgefüllt und irgendwelche dämlichen Fragen beantwortet, in der Hoffnung, dass unser Name dann in der großen Lostrommel landet und wir am Ende ein Handy oder eine Kamera oder irgendwelchen Schnickschnack gewinnen?

Ich bin unendlich dankbar, dass ich aufgrund meiner Position schon so viele interessante und wunderbare Menschen kennenlernen durfte, Menschen, denen ich sonst nie begegnet wäre: Noam Chomsky, Yoko Ono und John Ralston Soul, Oliver Sacks und Richard David Precht. Alle diese Leute haben mich stark beeinflusst und mir geholfen, das ein oder andere mit anderen Augen zu sehen. Natürlich gibt es noch viel mehr Persönlichkeiten, die ich unbedingt mal treffen will, aber bisher leider noch keine Gelegenheit dazu hatte. Eine davon ist Ira Glass – idealerweise bei einem Interview, das sie für *This American Life* mit mir machen würde. Auch mit Adam Curtis würde ich gern mal einen Tee trinken, denn das, was er macht, fand ich schon immer einfach gut. Und dann natürlich Banksy. Ich schulde ihm nämlich noch einen Dank dafür, dass er mir einen seiner Graffiti vermacht hat. Banksy würde ich jederzeit ins beste vegetarische Restaurant einladen, das er jemals betreten hat. Ich weiß, wer er ist, würde aber niemals ein Sterbenswörtchen darüber verraten oder ihn von meiner Seite aus kontaktieren. Banksy und ich sind nämlich heimliche Brüder. Okay, vielleicht nicht in biologischer Hinsicht, aber wir sind aus dem gleichen Material. Leute wie er, interessant, klug und inspirierend, das sind die Leute, mit denen ich meine Zeit verbringen will. Leute, denen ich nicht erst erklären muss, worauf es wirklich ankommt oder dass man sich im Umgang mit anderen nicht wie der letzte Idiot benehmen darf. Leute, mit denen ich dauerhaft etwas anfangen, etwas Tragfähiges aufbauen kann, und die das auch wollen. Und damit wären wir wieder bei der *Besten Partei* – denn hier haben wir die Quintessenz dessen, was sie darstellt, was sie will und was sie kann. Ob wir damit dauerhaft etwas ausrichten, etwas bewegen werden, bleibt abzuwarten. Aber zumindest haben wir nach wie vor viel Spaß, und ich finde, das haben wir auch verdient.

Ich will Spaß haben, will andere verblüffen und mein Publikum amüsieren, aber nie auf Kosten anderer, höchstens auf meine eigenen. Letztendlich ist das Leben sowieso eine Achterbahnfahrt, es geht auf und ab, in immer kürzeren Abständen. Manchmal stürzen wir in einen tiefschwarzen Abgrund, um dann genauso rasant wieder nach oben geschleudert und mit einer grandiosen Aussicht belohnt zu werden. Dabei bekommt den Menschen diese Achterbahnfahrt nicht immer gleich gut. Manche pressen sich kreideweiß vor Angst in ihren Sitz, andere schließen die Augen, und wieder andere kreischen aus vollem Hals. Und dann gibt es welche, die sich entspannt zurücklehnen und einfach die Fahrt genießen. Zu denen gehöre ich.

Wenn ich etwas nennen sollte, für das ich mich noch ernsthafter, noch intensiver engagieren will, dann ist das Friedensarbeit. Obwohl Friedensengagement absurderweise ein *risky business* zu sein scheint. Nicht wenige, die sich für den Frieden einsetzen, landen im Gefängnis oder werden einfach umgebracht. Aber egal, wohin die Reise geht, ob ich weiterhin als Bürgermeister arbeite, ob ich Präsident werde oder Minister, ob ich um die Welt reise oder einfach in irgendein fernes Land auswandere – ich bin fest entschlossen, Spaß dabei zu haben. Und ich werde auch in Zukunft verblüffen, amüsieren, verstören. Denn ich bin nun mal der, der ich bin: *The Flower Chucker.*

There is no authority but yourself.

INNER-ISLÄNDISCHES

Wo immer ich auftauche, haben die Leute ein flammendes Interesse an unserer Innenpolitik. Alle wollen sie mit mir über die *Beste Partei* diskutieren. Ich erinnere mich zum Beispiel an eine gut besuchte Solidaritätsversammlung in einem Kaff im Norden, irgendwo in der Nähe von Akureyri. Da traf ich einen Mann, der ein Schaf an der Leine führte. Das Tier benahm sich wie ein Hund, folgte ihm auf Schritt und Tritt und machte auf Kommando »Sitz« oder »Platz«. Es hatte sogar gelernt, an einem Knochen herumzunagen. Nachdem ich mich eine Weile mit dem Mann unterhalten und ihm verschiedene Fragen beantwortet hatte, wollte ich wissen, warum er dieses Schaf mit sich führe. »Weil ich es gern habe«, antwortete er ohne zu überlegen. Das verstand ich sofort. Das Leben der Leute da draußen ist so anders als unser Leben hier in der Stadt. Wir hocken in unseren schicken Büros, schlürfen Latte Macchiato und treffen nebenher irgendwelche Entscheidungen, während die Leute da draußen Exportbier trinken und ihr Abendessen mit dem Vieh zusammen einnehmen. Die Leute auf dem Land, besonders oben in der Gegend von Akureyri, sprechen ein Isländisch, das man noch vor zwanzig Jahren überall im Land hören konnte, und das heute fast überall ausgestorben ist. Was wir für selbstverständlich halten, ist ihnen oft völlig fremd. Einmal organisierten wir einen Info-Abend in Húsavík, zu dem auch eine Gruppe von Bauern aus der Mývatn-Region angereist war. Diese jedoch waren nicht etwa gekommen, um sich über die *Beste Partei* zu informieren – sondern weil es sich dort am Mývatn offenbar herumgesprochen hatte, dass ich ein iPhone besaß. Und jetzt wollten sie alle das Handy sehen und bettelten, es mal anfassen zu dürfen. Ich gab es einem von ihnen in die Hand und ermunterte ihn, doch mal bei sich zu Hause anzurufen. Diese Szene werde ich nie vergessen. Der Mann war so bewegt, dass ihm die Tränen übers Gesicht liefen, während er mit seinen Kindern telefonierte, die barfuß, zahnlückig und verdreckt in irgendeinem Misthaufen standen. Er musste das Gefühl haben, aus einer fernen Zukunft mit seiner Familie zu reden. Er verstand nicht, dass das Ding einfach nur ein Handy war. Und da begriff ich, dass wir alle Gefühlswesen sind. Die Leute auf dem Land sind meist einfach gestrickt und können nicht viel mehr, als Mist schaufeln und ihre Schafe streicheln oder sie schlachten, um über den Winter zu kommen. Aber sie haben Gefühle, und deshalb gehören sie zu uns. Wir gehören alle zusammen, egal, wo wir leben. Das isländische Schaf verbindet uns. Auch wenn niemand sein Schaf so gut kennt wie dieser Bauer. Er wohnt mit ihm zusammen, isst mit ihm zusammen, nimmt es mit in die Berge und zum Schwimmen, er schläft bei ihm im Stall und ist wahrscheinlich der einzige Mensch überhaupt, der weiß, wann es Geburtstag hat. Und dann kommen wir und essen es ihm weg. Wir können natürlich nicht auf die Gefühle irgendwelcher Bauerntölpel Rücksicht nehmen. Wir beginnen den Tag mit einem Work-Out im Sportstudio, hetzen zur Arbeit und zurück und müssen auf dem Heimweg unbedingt noch schnell im Einkaufszentrum vorbei. Trotzdem dürfen wir unsere Wurzeln nicht vergessen.

Auch mein Großvater war einer von diesen Bauerntrampeln, genau wie die unzähligen anderen, die wir auf unserer Land-Cruiser-Tour in ihrem natürlichen Lebensraum beobachten konnten. Wir hupen wie verrückt und knurren einen halblauten Fluch, wenn sie auf ihrem vorzeitlichen Ferguson-Traktor im Schneckentempo vor uns hertuckern. Und wenn wir dann endlich an ihnen vorbeiziehen, glotzen sie uns ratlos und beleidigt hinterher, weil die Hektik des modernen Alltags noch nicht bei ihnen angekommen ist.

Das isländische Schaf ist unser heimliches Wappentier. Es macht uns satt und hält uns warm. Er ist für uns so etwas wie Brot und Wein für die Apostel beim letzten Abendmahl. Wir teilen die Welt in Fellfarben ein und trotten einfach dem Leithammel hinterher. Und wenn das Schaf sprechen könnte, würde es uns bitten, netter miteinander umzugehen. Ganz sicher.

Jón Gnarr am 15. Februar 2010 auf der Homepage der
Besten Partei (bestiflokkurinn.is)